神話に封印された謎を解く

JN169967

太陽神として名高い天照大神（『天照大御神』伊藤龍涯筆、神宮徴古館農業館所蔵）

神話が書かれた本当の理由とは？

ニニギと神々が舞い降りた様子を描いた『天孫降臨』
（狩野探道筆・神宮徴古館農業館所蔵）

高千穂・二上山

霧島

ニニギが舞い降りた日向の襲の高千穂峯は、現在の宮崎県西臼杵郡高千穂と、宮崎県と鹿児島県の県境の霧島山系の二説あり

ヤマト建国の謎に迫る！

上：北部九州の急所であった日田。筑後川下流から日田方面をのぞむ
中：纏向遺跡の箸墓古墳と三輪山
下：西谷墳墓群・四隅突出型墳丘墓

神功皇后が重視した
伊奢沙別命が祭神の気比神宮

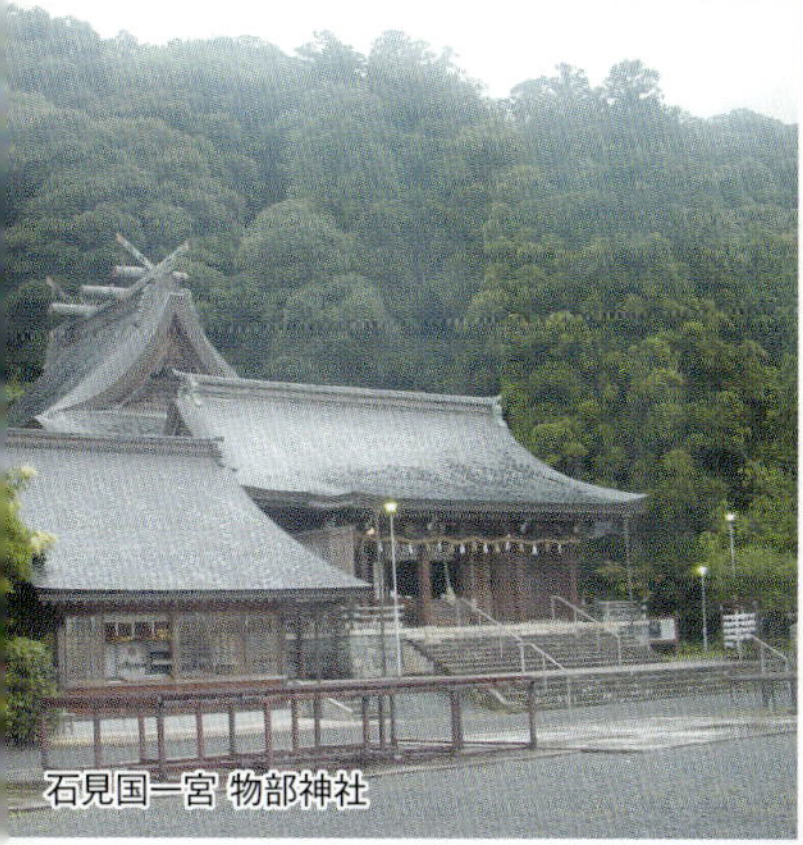
石見国一宮 物部神社

浦島太郎は古代の有名人？
さまざまな共通点と接点を持つ住吉大神と浦島（住吉大社）

知られざる蘇我入鹿暗殺の真相を明らかに！

乙巳の変を描いた図。
中大兄皇子が蘇我入鹿の首をはねる。
左に立つのが中臣鎌足
（『多武峯縁起絵巻』談山神社所蔵）

左：入鹿の首塚。入鹿が殺された原因とは？
下：蘇我氏の氏寺である飛鳥寺

大極殿にて太刀を預ける入鹿の図（『多武峯縁起絵巻』談山神社所蔵）

中臣鎌足の正体とは？

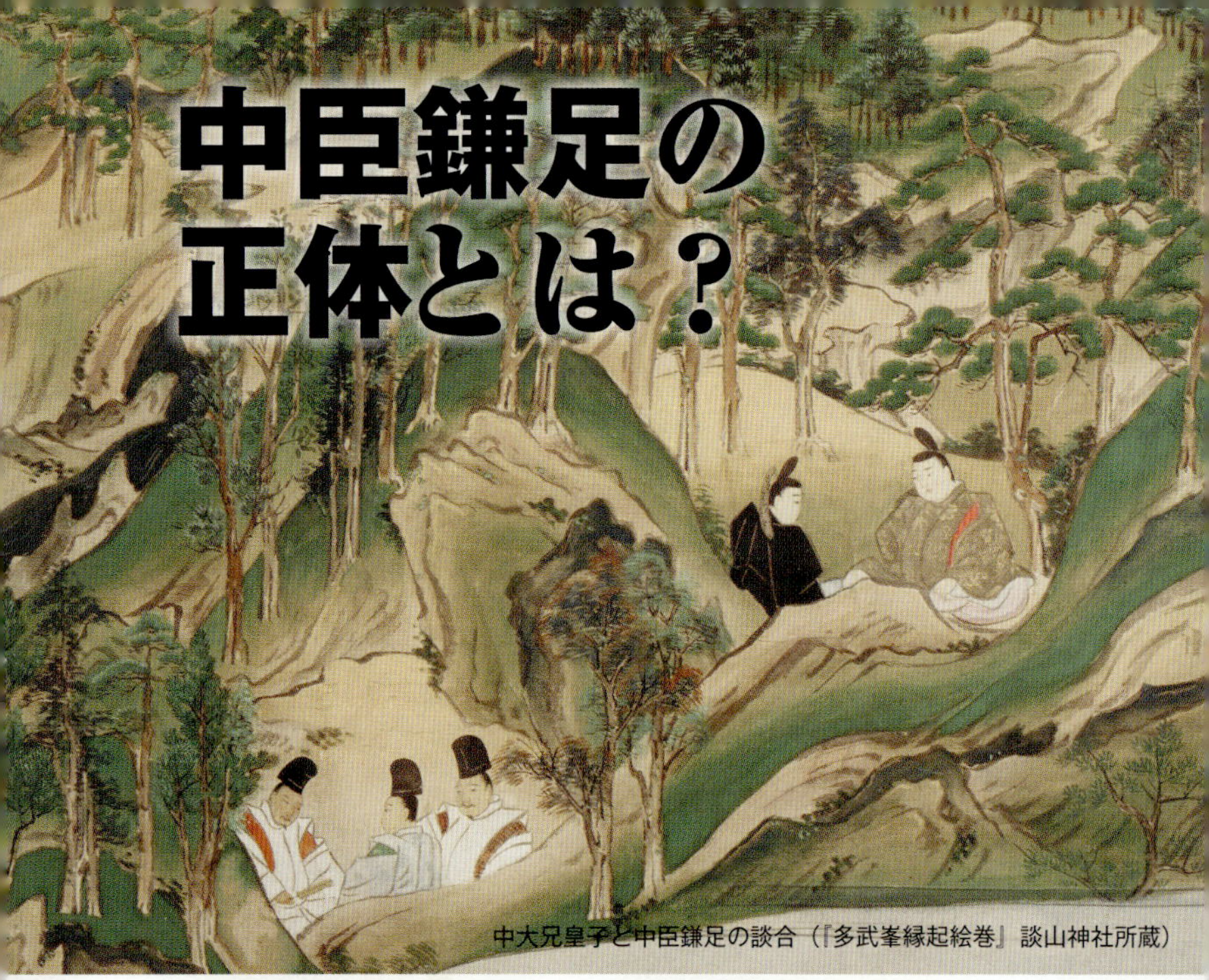

中大兄皇子と中臣鎌足の談合（『多武峯縁起絵巻』談山神社所蔵）

上：中臣鎌足の母といわれる大伴夫人の墓
右上・右下：対馬の金田城跡。乙巳の変後、中大兄皇子は白村江の戦いで敗北したため、唐・新羅連合軍の攻撃に備えた

大海人皇子は
なぜ壬申の乱に
勝利できたのか？

天武・持統天皇陵。同じ陵墓に葬られている
天武天皇と持統天皇

飛鳥浄御原宮。大海人皇子は壬申の乱に勝利すると、
飛鳥に向かい、この地を都に定めた

天武天皇創建による、修験道根本道場である櫻本坊

聖武天皇は忘れ去られた英傑!?

藤原不比等の娘で、聖武天皇の妻である光明子が創建した法華寺

紫香楽宮跡。聖武天皇はなぜ関東行幸を敢行したのか？

そこが知りたい！

古代史 9つの謎を解く

関 裕二 Seki Yuji

PHP

はじめに

何年前のことだったか忘れたが、アメリカ在住の友人H君に、歯に衣着せぬ批判を浴びせられたことがある。私が歴史を仕事にしていることに関して、

「過去にこだわっていたら、いつまでたっても前に進めない」

というのである。

一瞬唖然としてしまったが、

「そういう考え方をする人もいるのか」

と、妙に感心もしてしまった。なるほど、アメリカに長く住んでいると、そういう発想も芽生えてくるものなのだろうとも思った。ま、いずれ誤解は解けるだろうと、日本的なあいまいさもあって、その場はふむふむとうなずいておいた。

過去にこだわらず、あるいは過去をばっさりと切り捨て新しいものを築いていくべきだというH君のような考えを「革新」という。その反対に、過去に重きを置くという考えを世間一般では「保守」と呼んでいる。

さて、「革新」と「保守」では、「革新」の方が、聞こえはいい。「保守」には既得権にしがみつき、変化を望まない石頭、というイメージがあるからだ。

だが、保守の本質は、「歴史を学び、過去の良い点は継承し、誤っている点は改善する」というところにあって、四文字熟語で言い直せば「温故知新《おんこちしん》」ということになるし、人間の「理性」と「独善」に対する懐疑が、根底にある。この点、過去を顧《かえり》みないという「革新」は、時として暴走し、たいがいの場合、未来に禍根を残しがちだ。

革新と保守、二つの相反する概念を理解するのに、誰もが知っている分かりやすい例がある。それが、幕末の坂本龍馬《さかもとりょうま》である。

坂本龍馬といえば、新しい世の中をつくるために奔走したことで知られている。だから、「革新的な人物」と思われがちだ。しかしこの人物は、明らかな「保守本流」なのである。

まず、坂本龍馬は幕末、日本を救うための妙案を編み出した。徳川家《とくがわけ》がまず政権を放り投げること、そうした上での徳川慶喜《よしのぶ》を首班とした組閣というプランだ。慶喜はこの案に飛びつき、大政奉還《たいせいほうかん》が達成されたのだ。つまり、坂本龍馬は、政権の「総取っ替え」ではなく、徳川家の面目を保った上で、スムーズな社会体制の移行と改造を目論んだのだ。

多くの幕臣《ばくしん》が太平の世に惰眠《だみん》を貪《むさぼ》ったことは確かだが、幕府のすべてが腐りきっていたかというと、それは大きな勘違いで、優秀な人材が頭角を現しつつあった。そのなかでもきら星のように輝いていたであろう勝海舟《かつかいしゅう》に師事《しじ》していた坂本龍馬にしてみれば、「幕府のすべてが悪」という単純な割り切り方ができなかったに違いない。討幕派のみならず、幕府側の「有能な人材」も新政府に招き入れ、挙党態勢で諸外国に対抗しようというのが、坂本龍馬の腹づもりであったろう。

ところが、大政奉還の直後、悲劇は起きる。坂本龍馬が何者かによって暗殺されてしまったのだ。実行犯は見廻組《みまわりぐみ》とする考えが有力視されるようになったが、誰に殺されてもおかしくはない状況だった。たとえば薩摩《さつま》藩と長州藩にも、殺意はあったはずだし、坂本龍馬が死んで、一番得をしたのは、薩長連合だった。

薩長連合が目指していたものは、武力討伐《とうばつ》であり、慶喜に「大政奉還」という秘策を授けてしまった龍馬は、「余計なことをしてくれた邪魔者」でしかない。ここにいう武力討伐とは、それまでのすべてをぶち壊し、革命的な政権をうち立てることを意味している。これに対し坂本龍馬が目指したのは、新旧勢力の融合であり、伝統と改革の調和であった。

これはまさに、「革新（薩長連合）」VS.「保守本流（坂本龍馬・徳川慶喜）」の対立の図式に描き直すことが可能だ。
「革新」の発想は、「とにかくぶちこわせ」「破壊し尽くせば、何もかもが良くなる」というものであり、良くいえば「革命」で、悪くいえば「思考停止」なのだ。そんな薩長連合にしてみれば、坂本龍馬の複雑で精密な思考回路は理解できなかったに違いない。

もちろん、薩摩と長州《ちょうしゅう》の維新《いしん》の功績をすべて否定するものではない。時代の閉塞感《へいそくかん》を打ち破り、近代国家の礎《いしずえ》を築いたのが彼らであったことは間違いない。だが、そこに「狂気」にも似た「独善」があったのも、一方の事実だ。その「独善」の中身は、「破壊」であり、たとえば倒幕志士たちの狂気は、戊辰《ぼしん》戦争だけでは収まらず、余ったパワーの矛先《ほこさき》は、台湾《たいわん》にまで向けられた（一八七四年の台湾出兵）。

こののちの明治政府も、「革新」の狂気に突っ走った。それまでの日本人の伝統的な宗教観であった「神仏習合《しんぶつしゅうごう》」というあいまいな発想を根底から否定し、神道《しんとう》のみを重視する政策に切り替えた。そのおかげで各地の仏寺は、荒廃し、廃絶してしまった名刹《めいさつ》も数しれない。

多神教的な発想に裏付けられた「天皇」も、西洋文明の洗礼をまともに食らい、一神教的な「絶対的な王」の役割を担わされ悪用されることとなった。歴史上、このような天皇は、かつて存在しなかった。

このように、明治維新は「伝統の破壊こそ正義」という着想のもとに、日本の文化や伝統を破壊していった。近代の知識人たちは、「過去の日本は恥」と公言してはばからず、「西洋文明の物真似」こそが学問であると信じたのである。

この「革命運動」のなれの果てが、大東亜戦争（太平洋戦争）であり、この点、坂本龍馬（保守思想）の死は、大きなつけを後世に残したわけである。

さて、なぜこのような話を長々としたかというと、

「先人の知恵を尊重し、さらにそれを乗りこえる発想を生み出す」

という保守本流の発想こそ、人間の基本であり、それは要するに、「歴史を学ぶ」ということであることを述べたかったからにほかならない。

われわれはいつなんどきも、歴史を喪失してはならないのであり、また、その歴史の根本が古代史に横たわっているということを述べたかったのだ。そして、せっかく世界でもトップレベルの「おもしろい古代史」が日本には眠っているのに、これを知らないままでいるのももったいない話ではないか。太古の物語はわれわれ日本人の遺伝子に焼き付けられているはずである。だからわれわれは、ヤマト（奈良）を懐かしむのである。

どうかひとつ、本書を御覧になって、日本の歴史が、こんなにおもしろくて、ためになって、しかも「ハードルは高くない!!」ということを、肌で感じて欲しいのである。

関　裕二

そこが知りたい！　古代史9つの謎を解く――目次

第一の謎

神話に封印された謎

古代史と同じように神話は退屈？

信じがたい話だが、かつて筆者がこの仕事を始めた頃、とある編集者から、

「古代史の本は、難しく書かないと売れないよ」

と諭された。

何のことやらわけが分からず、理由を尋ねると、

「読者が、難しいものを求めている」

というのだ。

確かに、かつて日本のインテリたちは、何でもかんでも「難しいことが学問」というお題目を唱え、われわれも、この難しいことをありがたがり、読みもしない難解な「全集」を集めては書棚に飾り、

「私はこんなに難しい高尚《こうしょう》な書物を読んでいます」

と見せびらかして、悦に入っていたわけである。

だが、学問が細分化され、専門化されてくると、それぞれの分野のみで通用する「隠語《いんご》」が生まれるのみならず、その学問そのものも「隠語」そのものになってしまい、

われわれは、ようやく、

「自分たちは分かったふりをしていたけど、本当は何も分かっていない」

ことに気づきはじめたわけである。

しかも、世界情勢が、人類誕生以来、もっとも危機的状況を迎えた今、「分かったふりをする学問的姿勢」などもうどうでもいいから、自分の口で語ることのできる真実の歴史を知りたいという欲求が、次第に高まりつつあるのだと思う。

そういうわけで、古代史を誰にでも分かりやすいように解き明かしていこうと思うのだが、ここでまず心得ておいてほしいのは、ただ漫然と、『日本書紀《にほんしょき》』や『古事記《こじき》』の神話から読み始めようとすれば、神話の退屈さに、かならずや「撃沈《げきちん》」されるということだ。

神話など、しょっぱなから読み始めておもしろいはずがないではないか。それにもかかわらず、誰もそのことを教えてくれないから、闇雲《やみくも》に『日本書紀』やら『古事記』をひもといて、挫折してしまうのだ。

「世の中に、こんなに効き目のある睡眠薬があったのか」

という発見はあるかもしれないが……。

そうではなく、まず、歴史に疑問を持って欲しいのだ。

「偉い先生がこういったから、私もそう思う」ではなく、自分なりの疑問をまず投げかけ、その疑問を解くために、神話を読み始めて欲しい。そうすれば、退屈で仕方がない神々の名の羅列《られつ》にも、何かしらの意味が隠されていたのではないかと思えてくるはずだ。

そう。その、「自分なりに疑問を持つ」ということこそ、歴史を楽しくしてくれる第一歩で、さらに先に行くと、「じつはこういうことだったのではないか」という仮説が芽生えてくるに違いない。

そうなったらもはや、あなたは歴史の虜《とりこ》になっているはずだ。

神話が書かれた本当の理由とは何か

神話といえば、まず思い浮かぶのは、牧歌的《ぼっかてき》なイメージではなかろうか。

だが、神話の中身は、お伽話《とぎばなし》とはほど遠い。

たとえば因幡《いなば》の素兎《しろうさぎ》神話も、よくよく考えてみれば、終始一貫したテーマは、兄弟の「いじめ問題」であり、主人公の大国主神《おおくにぬしのかみ》は、一度命を落としてもいるのだ。

因幡の素兎神話の舞台といわれる白兎海岸

それにもかかわらず、

「神話を読んで癒されたい!!」

と、勘違いされている方が多すぎるのには困ったものだ。

日本の神様、みながみな、正しいことをする方々ばかりではない。スサノヲのように、高天原《たかまのはら》で暴れ回って人様《ひとさま》(神様)に迷惑をかける神様もいる。そうかと思えば、兄弟を騙したり、夫婦喧嘩は普通にするなど、道徳の教科書に登場するような聖人君子ではけっしてない。よくよく考えてみれば、陰謀やら、殺人やら、ゾンビに追いかけられるなどなど、けっこう危ない話も多い。

そういう話をおもしろがって読む、

というのも、神話好きになるための、ひとつの手かもしれないが、一方で、道理に合わない説話の裏には、必ずといっていいほど歴史隠蔽《いんぺい》のカラクリが隠されているもので、『日本書紀』の神話も、ご多分に漏れない。

もっとも分かりやすいのは、『日本書紀』の神話に異伝が多い、というものだ。どれが本当の説話だったのか、よく分からない、という問題なのである。

「そんなところに神話を解く鍵が隠されている？」

と疑問に思われよう。

そこで、何をいわんとしているのか、具体的に説明していこう。

まず、『日本書紀』の神話は上下二巻に分かれていて、その二巻の中でも、第一段、第二段、というように、話が区切られている。上下二巻の中に第一段から第十一段まで話が続き神代《かみよ》は終わり、歴史時代の神武東征《じんむとうせい》へと引き継がれていく。問題は、各段のなかで、まず「本文」があって、そのあとに「一書に曰《い》はく」という形で異伝が載せられていることだ。ひとつならまだしも、最大で十三も出てくるのだから、異常な記事である。

なぜこのような奇妙な記事を『日本書紀』は後世に残したのだろう。『古事記』序文には、七世紀の段階で、多くの豪族たちが伝える歴史には、脚色が加えられ、どれ

『日本書紀』の神話に異伝が多いのは、なぜ？

『日本書紀』の神話は上下２巻

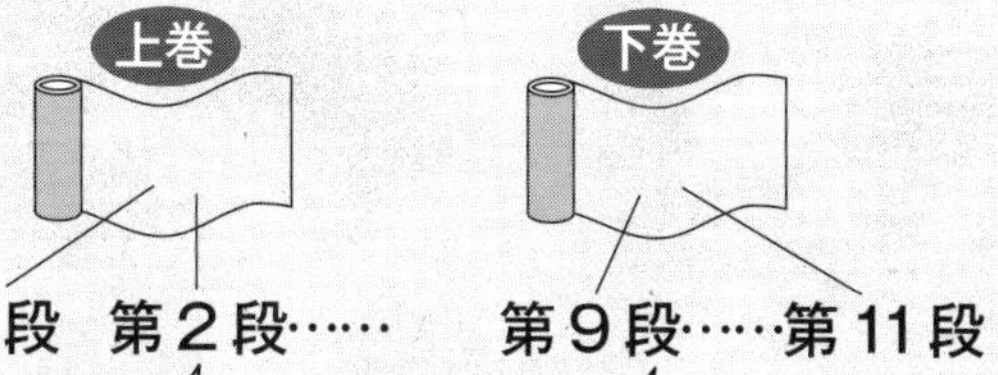

各段、まず「本文」があって、
そのあとに「異伝」がある

しかも

その異伝が最大で13もある

編者は「調べてみたが、
どれが本当か分からなかった」
と言っている!?

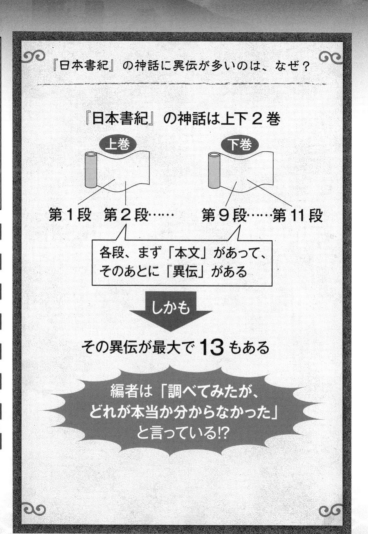

が本当の歴史だか分からなくなってしまったと記されている。そして、だからこそ正しい歴史を後世に残す必要がある、という主旨の記述がある。

この記事に従えば、『日本書紀』の編纂《へんさん》された八世紀、多くの神話が語り継がれていて、編者は、「こういう話もある」と、それらをかき集めて散りばめた、ということになるのだろう。だから通説も、この「多すぎる異伝」に無頓着《むとんちゃく》なのである。

しかし、これはおかしい。なぜかといえば、『日本書紀』は正史であり、正史の「正」は、朝廷の正式見解の「正」であり、政権の正当性、正統性の「正」だからである。

もし『古事記』の序文のいうように、七世紀や八世紀の段階で本当に「歴史がぐちゃぐちゃになってしまった」のなら、それをまとめて、しかも天皇家にとって都合のいいような「神話を創作」して、

「これが本当の神話です。真実の歴史です」

と提示すれば良かっただけの話だ。それにもかかわらず、『日本書紀』の編者は、

「よく調べてみたが、どれが本当の話か、よく分からなかった」

と言っていることになる。これでは、神話の意味がない。せっかく天皇家の正統性を証明する絶好の機会であり国家プロジェクトなのに、なぜ「よく分からない」と白を切ったのだろう。

通説がこの点にほとんど疑念を抱いていないのは、「『日本書紀』の編者の歴史家としての良心」を信じているからではあるまいか。つまり、『日本書紀』は本気で「正確な歴史」を編もうとしていたのであって、分からないことは分からないと、正直に告白したのではないか、ということになるのだろう。

だが、この発想もおかしい。中国に多くの歴史書（正史）が残っているのは、政権交替ののち、新王朝が前王朝を滅ぼした正当性を証明するために、前王朝の腐敗《ふはい》を暴き、政権転覆《てんぷく》が天命《てんめい》であったことを明らかにするためだった。この「歴史書編纂の公式」を当てはめれば、『日本書紀』も、直前に何かしらの政変があって、八世紀の権力者が前政権の「悪」を誇張《こちょう》し、新政権の「正義」を証明するものだったと察しがつく。

そう考えると、『日本書紀』が編纂された当時、藤原《ふじわら》氏が急速に台頭していたことは、興味深い事実である。

藤原氏は、中臣《なかとみの》（藤原《ふじわらの》）鎌足《かまたり》が西暦六四五年の乙巳《いっし》の変《へん》（こののちの行政改革が大化改新《たいかのかいしん》）で蘇我入鹿《そがのいるか》を殺して以来、急速に力をつけ、鎌足の息子の藤原不比等《ふじわらのふひと》の時代、藤原千年の繁栄の基礎が固められたのだった。

そうなると、七世紀の蘇我氏の全盛と滅亡、藤原氏の勃興《ぼっこう》こそ、『日本書紀』編纂

歴史書が示すこと

「歴史書（正史）」＝ 勝者が自らの正当性を示すために書いたもの

『日本書紀』が記された当時は……

つまり……

〝藤原氏〟の正当性を証明するための文書が『日本書紀』だった！

の契機になったと察しがつく。古代日本では、王家から権力ははぎ取られ、豪族層が実権を握っていたのだから、権力者の入れ替えがそのまま、中国の王家の交替と同じ意味を持っていた。そうなると、これまでは『日本書紀』は「天皇家のために書かれた」と信じられてきたが、実際には「天皇は藤原の傀儡《かいらい》」だったのだから、藤原氏の正当性を証明するための文書が『日本書紀』だったと考えた方が真実に近いだろう。

そしてその証拠が、『日本書紀』の神話の中に隠されているから、神話はおもしろくてたまらないのである。

◎世界で一番短い？　神話のあらすじ

そこでまず、『日本書紀』神話の大雑把な話の展開をここでお話ししてしまおう。世界で一番短くて要領を得る神話のはじまりはじまり……。

宇宙の渾沌《こんとん》から紆余《うよ》曲折《きよくせつ》（といってもたいした話ではない。このあたりをまじめに読み進めてしまうと、後が続かない。だから、ばさっと、カット）があってイザナキとイザナミのペアが生まれ、この夫婦が日本列島や神々を産み落とす。そのなかでも優秀な子が女神《めがみ》の天照大神《あまてらすおおみかみ》で、天上界（高天原）の統治を委ねた。できの悪い子が天照大神の弟のスサノヲで、根国《ねのくに》に追放した。ところがスサノヲは、根国に去る前に一目姉に会っておきたいといい、天上界に居座る。ところがスサノヲは何を思ったかここで大暴れ。天照大神は恐れおののき、天《あま》の岩屋戸《いわやど》に籠《こ》もり、太陽が消えたから、世界はまっ暗になってしまった。

そこで八百万《やおよろず》の神々は相談して妙案を思いつく。岩屋戸の前で神楽《かぐら》を催《もよお》し、天鈿女命《あまのうずめのみこと》は着物をはだけてヌードショー。神様たちはやんややんやの喝采《かっさい》を送る。案の定、天照大神は不審に思い、そっと外をのぞいてみた。待ってましたとばかりに手力雄《たぢからお》が岩屋戸をこじあける。こうしてめでたく太陽は顔を出したという次第。

一方スサノヲは、地上界に追放されるのだが、ここから心を入れ替えて、国造りに励み出す。八岐大蛇《やまたのおろち》を退治し出雲《いずも》の須賀《すが》に宮を建てた。ただ、スサノヲの活躍はここまでで、ややあって子供の大己貴神《おおなむちのかみ》（大国主神）に事業を譲って去っていく。

大己貴神はせっせと出雲を建国した。ところがこれを知って天上界の神々は、完成した国土に欲がでた。

タカミムスヒ（高皇産霊尊《たかみむすひのみこと》）なる神と天照大神は、両者の孫に当たるニニギ（天津彦彦火瓊瓊杵尊《あまつひこひこほのににぎのみこと》）を降臨させようと、地上界に使者を遣わし工作をはじめる。

天孫降臨のふるさと・高千穂峰（鹿児島宮崎県境付近）

ところが、送り出す神々がみな出雲に同化してなかなかうまくいかない。そこで最後の切り札が出雲に派遣され、ようやく、出雲神たちを屈服させることができた。これがいわゆる出雲の国譲りだ。

こうしてタカミムスヒはニニギを真《ま》床追衾《とこおうふすま》にくるんで降臨させた。舞い降りた地は日向《ひむか》の襲《そ》の高千穂峯《たかちほのたけ》（現在の宮崎県西臼杵《にしうすき》郡高千穂と、宮崎県と鹿児島県の県境の霧島《きりしま》山系の二説あり）で、ここから丘づたいに笠狭碕《かささのみさき》（野間《のま》岬《みさき》）に歩いていったという。

ここでニニギは大山祇神《おおやまつみのかみ》の娘と結ばれ、隼人《はやと》の祖神《そしん》の火闌降命《ほのすそりのみこと》、天皇家の祖にあたる彦火火出見尊《ひこほほでみのみこと》、尾張《おわり》氏の祖の火明命《ほのあかりのみこと》、三人の御子が生まれる。そして話は、火闌降命《ほのすそりのみこと》（海幸彦《うみさちひこ》）と彦火火出見《ひこほほでみの》尊《みこと》（山幸彦《やまさちひこ》）の兄弟喧嘩に移っていく。これが海幸山幸神話《うみさちやまさちしんわ》と呼ばれるものだ。

山幸彦は兄の釣り針をなくし、兄はこれを許さなかったため、山幸彦は釣り針を求めて海神《わたつみ》の宮に赴《おもむ》いた。そこで豊玉姫《とよたまひめ》に出会い、三年間過ごすが、やがて望郷の念にかられ、帰ってくる。このあと豊玉姫は山幸彦に裏切られ、子供の彦波瀲武鸕鷀草葺不合尊《ひこなぎさたけうがやふきあえずのみこと》を浜辺に置き、陸と海の道を閉ざして海神の宮に帰って行った。

この神話が終わると、彦波瀲武鸕鷀草葺不合尊《ひこなぎさたけうがやふきあえずのみこと》の子供が神日本磐余彦《かむやまといわれびこ》（神武天皇）という説明があって、歴史時代に突入するのである。

これらの神話を総合すると、だいたいメインの話はいくつかに分けられる。

まず第一にイザナキ・イザナミの国生み神話。次にスサノヲの狼藉《ろうぜき》と天の岩屋戸神話。それが終わるとスサノヲの八岐大蛇退治。次に大己貴神（大国主神）の出雲建国と出雲の国譲り、それに続く天孫降臨《てんそんこうりん》。そして最後に、海幸山幸神話、ということになる。

このおおまかな流れの中に、いくつもの異伝が用意されていて、どれが本当の神話なのか、分からないように記されているわけである。

ならば、神話は何を目的に書かれたのだろう。そして神話には、何かしらの秘密が

ひと目で分かる関係図

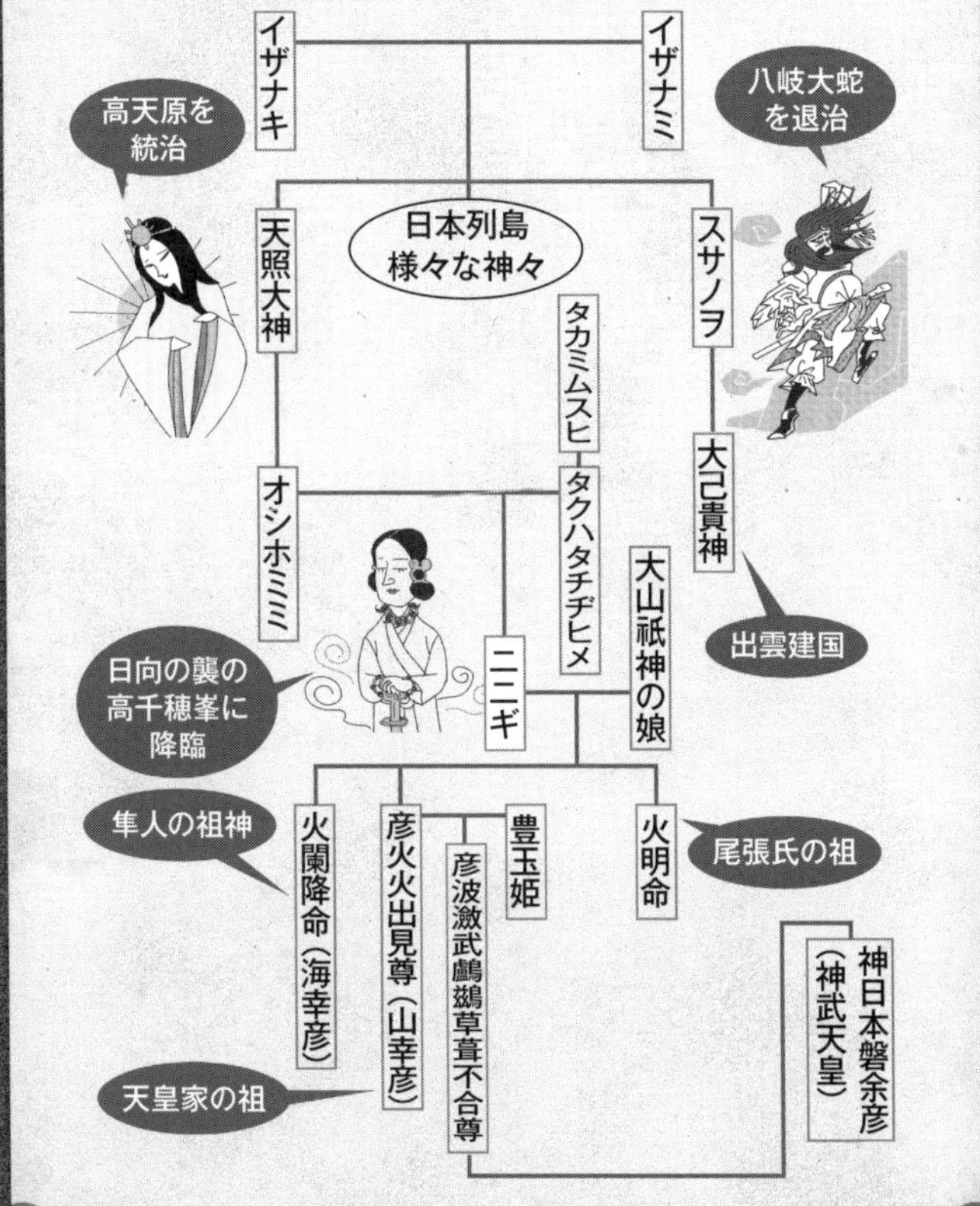
イザナキ
イザナミ
高天原を統治
八岐大蛇を退治
日本列島
様々な神々
天照大神
スサノヲ
タカミムスヒ
大己貴神
オシホミミ
タクハタチヂヒメ
大山祇神の娘
出雲建国
日向の襲の高千穂峯に降臨
ニニギ
隼人の祖神
火闌降命（海幸彦）
彦火火出見尊（山幸彦）
豊玉姫
彦波瀲武鸕鷀草葺不合尊
火明命
尾張氏の祖
神日本磐余彦（神武天皇）
天皇家の祖

隠されているのだろうか。

神話にそっくりな持統と藤原不比等の密約

神話のもっとも大切なポイントは、天上界の神々が地上界の「邪《あ》しき鬼《もの》ども（具体的には出雲神ということになる）」を退治して、天孫降臨を果たした正当性を証明する、ということになろうか。ただし、それだけではなく、八世紀の朝廷の権力構造が、そのまま神話に反映されている、とする説がある。

上山春平《うえやましゅんぺい》氏は『神々の体系』や『続・神々の体系』（いずれも中公新書）のなかで、なぜこのような推理が生まれたのか、おおよそ次のように説明している。

まず忘れてならぬのは、藤原氏の前身である中臣《なかとみ》氏は、それほど身分は高くなかったし、めぼしい活躍はなかったということだ。その証拠に、『古事記』の場合、歴史時代に入ってから、中臣氏はまったく登場していない。藤原氏が『古事記』にはタッチできなかったから中臣の活躍を粉飾できなかったと仮定すれば、中臣氏の本来の朝廷における地位は明らかだ。そこで上田氏は、藤原不比等が自家の系譜を飾る必要に迫られ、『日本書紀』の神話の一番大事な人脈の中に、「藤原の偶像《ぐうぞう》」を潜り込ませることに成功していると推理したのだ。

　それは天皇家の祖神で太陽神として名高い天照大神の周囲の話だ。すでに触れたように、天孫降臨したニニギは、天照大神の孫なのだが、母方の祖父は、タカミムスヒということになる。そしてこのタカミムスヒと天照大神の関係は、八世紀の朝堂《ちょうどう》を支配した持統天皇と藤原不比等の関係にそっくりだという。

　持統《じとう》天皇と藤原不比等の正体については、のちにふたたび触れるが、ここで確認しておきたいのは、持統天皇は夫天武天皇の死の直後、息子の草壁皇子《くさかべのみこ》の即位を望んでいたが、草壁皇子は皇位を目前にして病没してしまったことだ。

　そこで急遽《きゅうきょ》、持統は自ら皇位を継承し、その上で、孫の軽皇子《かるのみこ》（のちの文武《もんむ》天皇）を皇太子にする工作を進めたのだった。さらに、軽皇子の子が首皇子《おびとのみこ》（のちの聖武《しょうむ》天皇）で、この御子《みこ》は、持統の血を引いた文武と、藤原不比等の娘の宮子《みやこ》の間にできた子だった。つまり、この御子の即位こそ、藤原不比等の「悲願」だったのであり、その正当性を証明するために、天孫降臨神話が創作された可能性が高いのである。

　神話に登場する謎の神・タカミムスヒを藤原不比等に、天照大神を持統天皇に当てはめると、八世紀の朝廷と神話の神々の姿が、そっくりだったことに気づかされるわ

神話とそっくり!?　8世紀の朝廷の姿

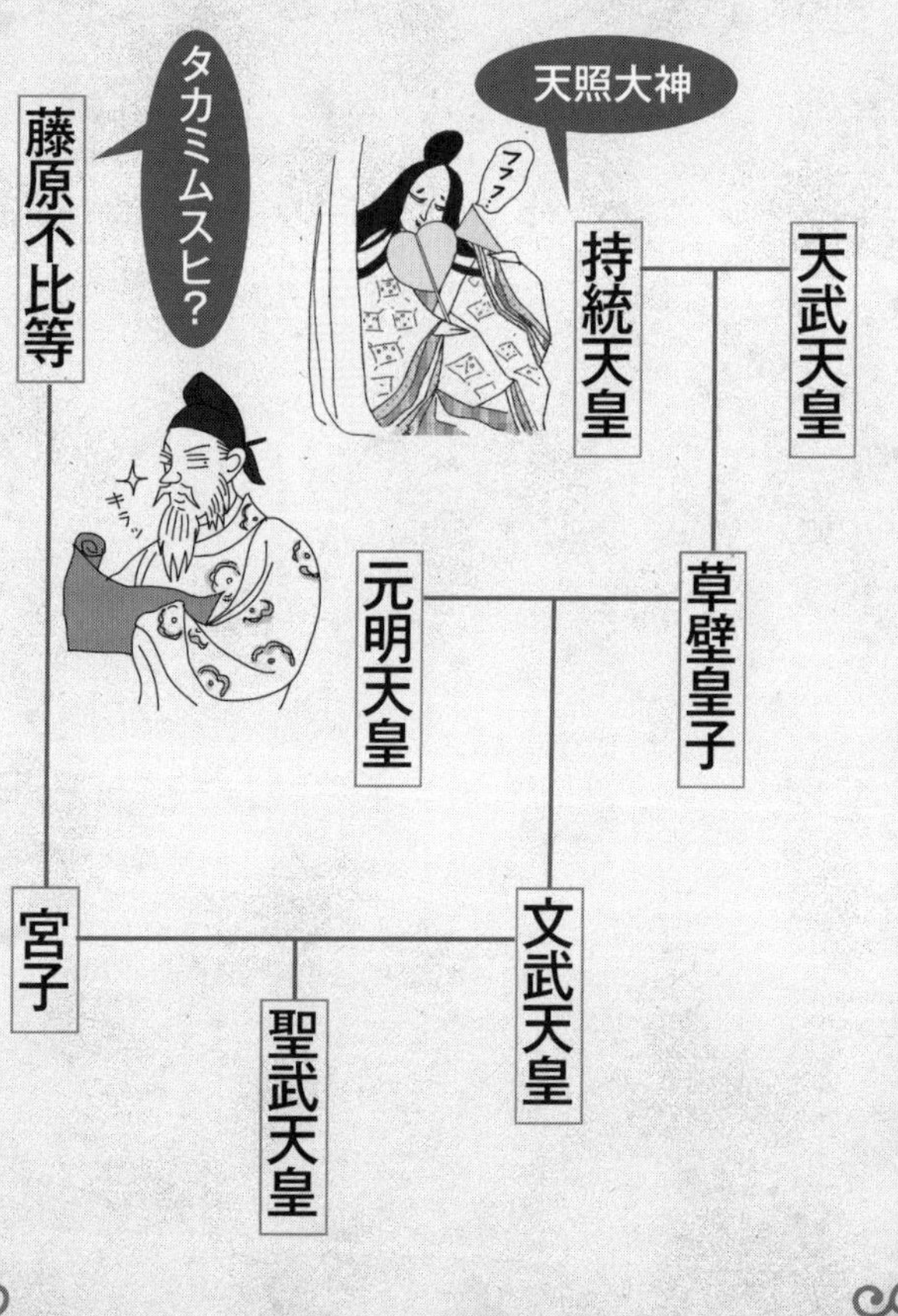

けである。

そして、神話にいうところの「子ではなく孫を降臨させた」というストーリーは、このような草壁皇子の死から始まった「末裔に政権を握らせよう」という持統と藤原不比等コンビの密約を、説話化したということにほかなるまい。

『日本書紀』は出雲の本当の歴史を知っていたのではないか

神話の中で天照大神が持統の姿を、タカミムスヒが藤原不比等の姿を活写したものとする推理は、正鵠《せいこく》を射ている。

そして上山氏が指摘するように、神話は藤原不比等が藤原氏の正当性を証明するために創作した代物であろう。ただこれだけでは、なぜ神話の中に異伝が多いのか、その説明にはなっていない。

そこで注目されるのが、出雲なのである。

じつは八世紀の朝廷は、三世紀前後の歴史を熟知していて、だからこそ歴史を葬り去ったのではないかと思える節がある。なぜこのようなことを言い出すのかというと、その鍵を握っていたのが出雲なのだが、このあたりの事情を御理解いただくには、少し説明が必要だ。

出雲は神話の三分の一を占めながら、かつては「まったくの絵空事」というレッテルを貼られ、見向きもされなかったのだ。神話に見合うほどの勢力が出雲に存在したとは、考えられなかったのだから仕方がない。では、なぜ出雲が神話のなかで重視されたかというと、「天皇の反対概念としての悪者が必要になったのだろう」ぐらいの指摘しかなかったのである。

昔は考古学的な「物証」も、ほとんどなかったし、戦前の皇国史観《こうこくしかん》に対する反動から、神話そのものが、「歴史」から除外されていた。そのあおりを受けて、「出雲無視」の風潮が蔓延《まんえん》してしまったわけだ。

ところが、ここ三十年の考古学の進展によって、これまでの常識は覆されてしまった。弥生《やよい》時代後期の出雲（山陰《さんいん》地方）には、けっして侮《あなど》れない勢力が存在していたこと、三世紀から四世紀にかけてのヤマト建国に、出雲の勢力が一肌脱いでいたことも分かってきたのである。

それほど古代史に詳しくないかたでも、荒神谷遺跡《こうじんだにいせき》や加茂岩倉遺跡《かもいわくらいせき》の名前はご存知だろう。弥生時代後期の初め頃、出雲の地に大量の（それも常識破りの数だ）青銅器《せいどうき》

出雲はそこにあった？ 出雲市と日本海の眺望

が、地中に埋納《まいのう》されていたのだ。そしてこの直後から、出雲から山陰地方、さらに北陸地方にかけて、四《よ》隅《すみ》突《とっ》出《しゅつ》型《がた》墳丘《ふんきゅう》墓《ぼ》という独特の埋葬《まいそう》文化が伝播していく。おそらく出雲を中心とした日本海交易圏が成立していたということだろう。

さらに、ヤマト建国の直前には、ヤマトにも入っていなかった鉄器が、山陰地方に流入している。富をたくわえ、地の利を得た山陰地方は、次第に力をつけ、三世紀のヤマト建国にかかわりを持っていた可能性が出てきたわけである。

出雲の謎はこれだけではない。

じつをいうと、もっと不思議なこと

がある。

まず、ヤマト建国に出雲が荷担したことは確かで、ヤマト朝廷発祥《はっしょう》の地（纏向《まきむく》。のちに詳述）には、山陰系の土器が出回っている。ところがいったんヤマトが建国されてしまうと、どうした理由からか、出雲はヘソを曲げ、しかも没落してしまったことが、考古学的に確かめられているのである。

このヤマト建国ののちの出雲の没落は、『日本書紀』にも記録されている。

第十代崇神《すじん》天皇や第十一代垂仁《すいにん》天皇の時代、ヤマト朝廷は出雲に使者を送り込んで、神宝《しんぽう》を検校《けんぎょう》したという。

この記事の何が問題かというと、まずヤマト建国の実際の初代王は崇神天皇に違いないと一般には信じられていること、その建国直後のヤマト朝廷が、出雲の神宝を検校したというところがミソなのである。というのも、「検校」とは、ようするに神宝の支配権を奪い去ることにほかならなかったからであり、政治を「まつりごと」といっていた当時、神宝を奪われることは、政治力をはぎ取られることに直結した。

事実、出雲振根《いづものふるね》は、このあと、武力でねじ伏せられたという記事が『日本書紀』に載っている。

出雲の国譲り神話とは、ようするにヤマト建国直後の神宝の検校を神話化したもの

なぜ出雲は神話の中に封印されたか？

加茂岩倉遺跡

大量の
青銅器の
埋納！

四隅突出型
墳丘墓という
独特の埋葬文化が
出雲から山陰、
北陸にかけて伝播！

ヤマト朝廷発祥
の地には
山陰系の土器が
出回っている

なぜ出雲は歴史の闇に葬りさられてしまったのか

だったのではないかと思いいたるのである。

なぜ出雲は神話にされたのか

そうなってくると、新たな謎が生まれる。

それは、次のようなものだ。

『日本書紀』の編者は、三世紀の歴史を知っていたにもかかわらず、なぜ出雲を神話の世界に封印《ふういん》してしまったのか」

ということである。

もし現実に、出雲の人たちが天皇家に刃向かったのであれば、それをそのまま洗いざらい歴史として書き残し、天皇家の正当性を訴えることもできたのである。それにもかかわらず、なぜわざわざ手の込んだ細工を施し、神話に仕立て上げなければならなかったのだろう。

ひとつ気になるのは、崇神天皇の時代に起きた事件である。

くどいようだが、崇神天皇は実在したヤマト建国の王だ。その治世《ちせい》の当初、じつは疫病《えきびょう》が蔓延し、流浪《るろう》する民が世にあふれ、収拾がつかなくなっていたのだという。そこで崇神天皇は原因を探ろうと占いをしてみた。すると神託《しんたく》が下って、ヤマトの三輪《みわ》に祀《まつ》られていた出雲神・大物主神《おおものぬしのかみ》が、「私がやった」と自白したのだった。さらに、「私を丁重に祀れば、事態は収拾するだろう」と教えてくれたという。『古事記』はこのときの様子を、「これは大物主神の祟《たた》りだった」と明言している。

どうにも不可解なのは、神話の中で出雲神は「悪いやつ」とレッテルを貼られていることで、「悪いやつだから、彼らを成敗《せいばい》し、領土を奪い取った」といっているわけである。

ところが歴史時代に突入したとたん、出雲の神は

「祟る恐い神」

に変身している。これは大きな矛盾なのだ。というのも、「祟り」は、祟られる側にやましい気持ちがないと成立しないからなのである。

ちなみに、三世紀のヤマト建国当時、日本には「祟り」という概念はまだ移入されていなかったのだから、これは作り話だ、とする説がある。だが、他の拙著のなかで何度も繰り返し述べてきたように、中国から新たな概念が導入されるまで日本人は感情のない「でくの坊」だったという発想は、よく理解できない。人を刺し殺せば、そ

の感触が手に残り、うらめしげに死んでいったその表情は、心から離れず、祟られることへの本能的な恐怖へと変わっていくのであろう。相手には非がなく、こちらの陰《いん》謀《ぼう》によって殺めたとなればいっそうのこと、自責《じせき》の念は徐々に強まっていくものだろう。

そういう気持ちがあるから、身の回りに不可解な凶事《きょうじ》が起きると、何でもかんでも祟りに思えてくるのであって、それは中国から概念が取り込まれなくとも抱く自然の感情である。

そうであるならば、国家レベルの祟りの記事を見逃すことはできない。しかも祟って出たのは「邪《あ》しき神《かみ》」と『日本書紀』が罵《のの》ったはずの出雲神なのである。

ここに何かしらの秘密が隠されているに違いない。

なぜか出雲と蘇我がつながってくる

出雲神話をめぐっては、もう一つ不可解なことがある。それは、「蘇我《そが》」である。

島根県出雲市の出雲大社の本殿の真裏には、素鵞社《そがのやしろ》なる祠《ほこら》があって、ここにスサノ

スサノヲの最初の宮がここにあったとされる須我神社

ヲが祀られている。スサノヲの社が「ソガ」なのは、出雲大社のなかを流れる川が「スガ川」で、「スガ」が「ソガ」に音韻《おんいん》変化したものと考えられる。

　ではなぜ出雲大社に「スガ」なのかというと、スサノヲの最初の宮が「須賀宮《すがのみや》」だったことに起因しているのだろう。

　ところで「ソガ」といえば、「蘇我氏」を思い浮かべるが、実際に蘇我氏は、出雲との間にいくつも接点を持っている。

　まず、蘇我氏の「ソガ」は「宗《そ》我《が》」や「宗賀《そが》」とも書くが、これは「スガ」とも読める。

スサノヲの子に清之湯山主三名狭漏彦八嶋篠《すがのゆやまぬしみなさろひこやしましの》がいるが、『粟鹿大明神元記《あわがだいみょうじんげんき》』には、この神の名を蘇我能由夜麻奴斯禰那佐牟留比古夜斯麻斯奴《そがのゆやまぬしみなさむるひこやしましぬ》と、「スサノヲの子のスガは蘇我」という証言を残している。

七世紀の蘇我氏全盛時代の都は飛鳥《あすか》に置かれたが、飛鳥は「ア＋スカ（スガ）」で、その「スガ」は、「菅生《すがお》」などの地名があるように、「湿地帯《しっちたい》」に多く使われるようだ。

スサノヲがじめじめした場所に好んで住んだのは、製鉄とかかわりがありそうだ。かつて湿地帯の水草の根にこびりつく褐鉄鉱《かってつこう》を原料に、鉄を生産していたらしく、スサノヲは鉄の男として褐鉄鉱に着目したということだろう。また、たたら製鉄の原料となる砂鉄《さてつ》を採取するにも、大量の水を必要としたから、水と鉄は切っても切れない関係にある。蘇我氏が「湿地帯」の「スガ」をそのまま「ソガ」にして名にしたのは、彼らも鉄の民だったからではあるまいか。

出雲国造《いずものくにのみやつこ》が新任されたときヤマトに赴き奏上する『出雲国造神賀詞《かむよごと》』には、天皇の守り神になるべく出雲神がヤマトの神奈備《かんなび》に赴くという話があって、蘇我氏の地盤である飛鳥の周辺に、出雲神がやってきたことになっている。またこの中で、ヤマトの盆地西方の葛城《かづらき》にも、出雲神はやってくるという設定になっているが、蘇我氏は「本貫《ほんかん》は葛城」と主張している。やはり「ヤマトの出雲」と蘇我は、偶然とは思えないほど接点が多い。

七世紀の蘇我氏は、「方墳《ほうふん》を造る特権」を持っていたが、「方墳」といえば「出雲」に特有の埋葬文化で、どうにも引っかかるものがある。

『古事記』によれば、蘇我氏の祖は武内宿禰《たけのうちのすくね》ということになるが、山陰地方を代表する宇倍《うべ》神社（鳥取県鳥取市）には、武内宿禰の「終焉の地」の伝承が残されている。

これものちに触れるが、乙巳の変で暗殺されてのち、蘇我入鹿は祟って出ていたと噂されていたようで、「悪者なのに祟っていた」というあたり、出雲神と蘇我氏の命運は、よく似ている。

藤原の繁栄は、蘇我を倒したことで得られた。だからこそ藤原は蘇我を「悪の権化」に仕立て上げねばならず、神話の時代にさかのぼって、蘇我＝悪という図式を提示していたのではあるまいか。つまり、出雲神話の陰に、七世紀の政争の爪痕が見え隠れするのである。

第二の謎

迷宮入りしてしまった邪馬台国の謎

◎なぜ邪馬台国論争は迷宮入りしてしまったのか

邪馬台国論争といえば、

「どうせ結論は出ないに決まっている」

と思っている方も少なくないのではないだろうか。なにしろこの論争、すでに百年以上続いているのに、いまだに明解な答えは出されていない。超一流の学者が、激しくつばぜり合いを演じてきたのに、まったく出口が見えないのである。

なぜ邪馬台国は、謎めくのだろう。

そもそも邪馬台国のどこに謎があったのだろう。

邪馬台国は「魏志倭人伝《ぎしわじんでん》」に描かれている。その「魏志」の魏とは、劉備玄徳《りゅうびげんとく》や関羽《かんう》、諸葛孔明《しょかつこうめい》らが活躍した『三国志演義《さんごくしえんぎ》』の「魏《ぎ》・呉《ご》・蜀《しょく》」の「魏」であり、諸葛孔明と卑弥呼《ひみこ》の生きた時代は、ほぼ重なっている。

魏が次第に力をつけていく過程で、朝鮮半島に影響力を及ぼそうと画策しているところへ、倭国《わこく》の女王卑弥呼が朝貢《ちょうこう》してきたというのが、「魏志倭人伝」の裏事情である。このなかで、「倭国」がほかの国々よりも優遇されているとされ、それはなぜかとい

うと、

「ほら、こんなに遠くの国も、わが魏に朝貢してきたぞ!!」

と、魏が喜び、政治に利用したからともいわれている。

とにもかくにも、卑弥呼が抜群のタイミングで魏にご機嫌伺いを立てたのは確かだろう。

ちなみに、卑弥呼といえば「邪馬台国」がすぐに連想されるが、卑弥呼は邪馬台国の女王ではなく倭国の女王で、その倭国の首都が邪馬台国ということになる。そして、邪馬台国の所在地が、邪馬台国論争の中心テーマとなっている。

なぜ邪馬台国は特定できないのだろう。それは簡単なことで、「魏志倭人伝」には、魏の出先機関が置かれた朝鮮半島の帯方郡《たいほうぐん》から邪馬台国に至るまでの行程が記されているが、いくらこの文章を読んでも、邪馬台国がいったいどこにあったのか、さっぱり分からないからである。

問題は、「途中まではっきりと分かるのに、そこから先が藪《やぶ》の中」ということなのだ。

具体的にいうと、帯方郡を出発して朝鮮半島を南下、最南端の海岸地帯から対馬《つしま》、壱岐《いき》を通って、唐津《からつ》（末盧《まつら》国）に着き、さらに糸島《いとしま》（伊都《いと》国）、また博多《はかた》付近（奴《な》国《こく》

吉野ヶ里には高殿などの邪馬台国の条件がそろっていた

や不弥《ふみ》国）までは、明解に地図の上に行程図を引くことができる。ところが、ここから先が、どうにもよく分からないのだ。「魏志倭人伝」には、博多付近から南の方に邪馬台国はあるといい、次のように続く。

南、投馬《つま》国に至《いた》る水行《すいこう》二十日。（中略）南、邪馬壱国に至る、女王の都する所、水行十日陸行一月。

これが、どうしても分からないのだ。直訳すれば、次のようになる。博多のあたりから南に船に乗って二十日で投馬国に至る。南に行けば邪馬台国に着く。女王の住まいのある都で、船で十日、船を

さっぱり分からない邪馬台国の位置

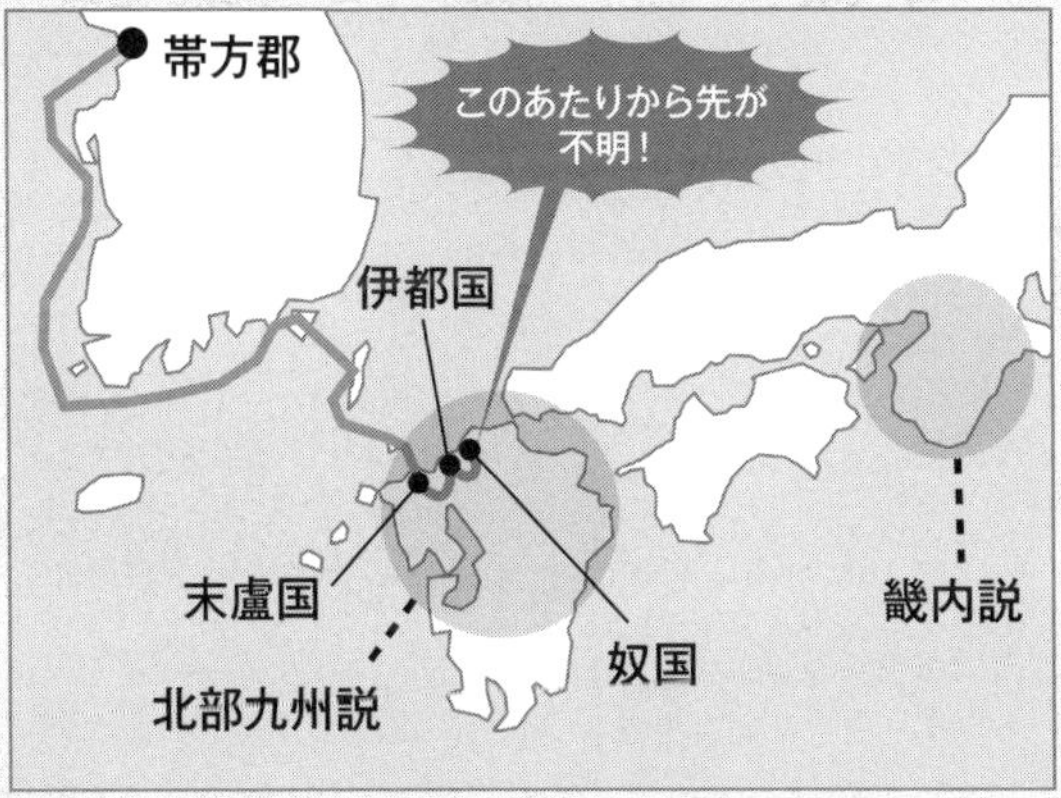

博多
↓ 船で南に 20 日
投馬国
↓ 南に船で 10 日、歩いて 1 月?
邪馬台国

or

博多
↙ 船で南に 20 日 → 投馬国
↘ 南に船で 10 日、歩いて 1 月? → 邪馬台国

どちらにしても、博多からそれだけ南に進むと太平洋に没してしまう……

下りて一月……。

まず、この文章そのものも、二通りの解釈が可能だ。博多付近から、船で二十日、さらに十日船に乗って、あとは歩いて一月なのか、あるいは、水行二十日は無視して、船で十日、歩いて一月だけなのか、そのどちらかもはっきりとしないのだが、仮に後者をとるにしても、博多からそれだけ南に進めば、鹿児島を通りすぎ、太平洋に没してしまうことは明らかなのだ。

そうなると、この一節をどう解釈するかが、最大の問題となってしまったのである。

邪馬台国論争はどのようなものだったのか

邪馬台国については、すでに江戸時代、国学者の手で、解釈が加えられていた。たとえば本居宣長《もとおりのりなが》は、「畿内《きない》の大和《やまと》に対抗して、九州の女酋《じょしゅう》が偽僭《ぎせん》してしまったのだ」という「邪馬台国偽僭説」を立ち上げている。すなわち、九州の女酋が嘘をついて、「われわれが（畿内の）大和」と魏に報告し、親魏《しんぎ》倭王《わおう》の称号を奪い取ってしまったというのだ。

じつをいうと、この本居宣長の「最初の一言」が、邪馬台国論争の答えのような気がしてならないのだが、問題は、まだ謎とも思われていなかった時代に、「たまたま正解をいってしまった」ところにあって、論争が始まってみな頭に血が上ってから、この「画期的なアイディア」が忘れ去られてしまったということに過ぎないのではあるまいか。

もっとも、あまり本居宣長にこだわっていると、「壮絶な邪馬台国論争」がアホらしくなってきてしまうので、この話はひとまず置き、その後の邪馬台国論争がどのようなものだったのか、概観だけしておこう。

今日につづく邪馬台国論争は、明治四十三年（一九一〇）の白鳥庫吉《しらとりくらきち》（一八六五～一九四二）と内藤虎次郎《ないとうとらじろう》（一八六六～一九三四）の九州説対大和説の対決に端を発している。前者は東京帝国大学の、後者は京都帝国大学の教授であった。

最初に挙手したのは白鳥だ。白鳥は、とにもかくにも「魏志倭人伝」に全幅の信頼を置くべきだと述べ、「魏志倭人伝」の「里数」に注目した。帯方郡から不弥国までが一万七百里で、また帯方郡から邪馬台国までが一万二千余里なのだから、不弥国から邪馬台国までは千三百余里となり、また、「魏志倭人伝」にいうところの「一里」の距離を計算し直し、不弥国から邪馬台国までを二〇〇キロと考え、直線距離ではなく、ジグザグに向かうのだから、これで九州のどこかに収まると考えたわけである。

また、なぜ邪馬台国までの日数が水行計三十日、陸行一月かかったのかといえば、それはまず第一に、魏の使者が誇張して本国に報告していた可能性があること、さらに陸行は一月ではなく「一日」の誤りであったこと、水行に時間を取られたのは、有明海《ありあけかい》に大きく迂回《うかい》したから、時間がかかったのだといい、邪馬台国は肥後国（熊本県）のあたりにあったと推理したわけである。

これに対し内藤は、「魏志倭人伝」にある「南」は、「東」を意味していると指摘した。というのも、中国の古い文書には、東と南、西と北が混同されている例が散見できることから、「魏志倭人伝」の北部九州から邪馬台国までの「南」も、「東」と読み直すべきだといい、「南へ水行二十日」の投馬国は北部九州の東側の山口県（周防国《すおうのくに》佐波郡《さわのこおり》）であり、邪馬台国は「ヤマト」と読むべきで、ようするに畿内の大和にほかならない、とするのである。

内藤は、ヤマトと邪馬台国を結ぶ傍証をいくつか掲げている。

まず、「魏志倭人伝」には、邪馬臺国《やまたいこく》（邪馬台国）ではなく邪馬壹国《やまいちこく》（邪馬壱国）と書かれているが、『梁書《りょうしょ》』や『北史《ほくし》』、『隋書《ずいしょ》』には「邪馬臺国」とあることから、この「壹」は、本来なら「臺」のところを誤って用いられたものと指摘した。その上で、『隋書』に「(倭国は)邪靡堆《やまと》に都す、則ち『魏志』のいわゆる邪馬台なる者なり」とあるように、中国側が邪馬台国と畿内のヤマトを同一視していた気配があることから、三世紀の邪馬台国も畿内のヤマトにほかならない、と指摘したのである。

また内藤は、邪馬台国の卑弥呼は、『日本書紀《にほんしょき》』にも登場していると推理した。第十一代垂仁《すいにん》天皇の娘(皇女《ひめみこ》)の倭姫命《やまとひめのみこと》が、卑弥呼にそっくりだ、という。

倭姫命は当時のヤマトを代表する巫女《みこ》で、伊勢神宮《いせじんぐう》の創祀《そうし》に深くかかわったと『日本書紀』は伝えている。初代斎宮《さいぐう》としても知られ、また、ヤマトタケルが東国征伐に向かったとき、

「父は私に死ねとおっしゃっているのでしょうか」

と泣きついたのが、この女人だ。

巫女だからという理由だけで、倭姫命と卑弥呼がつながったわけではない。「魏志倭人伝」には、倭国の官名に「伊支馬《いきま》」という者を記録しているが、垂仁天皇の名「活目入彦《いくめいりびこ》五十《い》狭茅《さき》」の「活目」と関係があるのではないか、というのである。また、倭姫命は巫女として斎宮に仕え、未婚だったが、やはり卑弥呼も「年已《としすで》に長大なるも、夫婿《ふせい》なく」とあって、未婚だったとある。

邪馬台国論争──九州説対大和説──

九州（白鳥）説

- 「魏志倭人伝」に全幅の信頼。「里数」に注目！
- 「一里」の距離を計算し直し、不弥国から邪馬台国までを200kmと推定→ジグザグに進めば九州内に収まる。
- 水行計30日、陸行1月は魏の使者の誇張
- 陸行1月は1日のまちがい。水行に時間がかかったのは有明海に大きく迂回したから

大和（内藤）説

- 「魏志倭人伝」にある「南」は「東」を意味している
- 「魏志倭人伝」には邪馬臺国ではなく邪馬壹国と書かれているが「壹」は誤って用いられたもの。その上で『隋書』の記述から中国側が邪馬台国と畿内のヤマトを同一視していたと判断できる
- ヤマトを代表する巫女である倭姫命が卑弥呼にそっくり

三角縁神獣鏡も主役の座から降りたのか

こうして邪馬台国論争ははじまったが、基本の論理はすでに、白鳥と内藤の手によって提出されていたのであって、その後、東京大学と京都大学二つの学閥は、いかに自説を優位に導くか、「魏志倭人伝」と格闘した。だが、双方ともに、決定的な証拠を出せないまま推移し、やがて論争は迷宮入りしてしまったわけである。

それだけならまだしも、百年にわたって大論争がくり広げられてきたにもかかわらず、結論といえば、

「『魏志倭人伝』の邪馬台国記事を読むかぎり、日本中どこにでも所在地を比定できる」

という、何とも情けない結果となったわけである。

そうこうしているうちに、邪馬台国は考古学が決着をつけてしまうのではないか、という情勢になってきた。

邪馬台国をめぐる考古学といえば、三角縁神獣鏡《さんかくぶちしんじゅうきょう》をどのように考えるか、というのがかつての大問題だった。というのも、「魏志倭人伝」には、朝貢してきた卑弥呼に対し、銅鏡《どうきょう》百枚を授けたと記録され、各地で見つかる三角縁神獣鏡こそ、この時

の鏡ではないか、と騒がれたのである。

ちなみに三角縁神獣鏡とは、鏡の断面の縁の部分が三角形をしているところからつけられた名で、直径は二〇～三〇センチぐらいの銅鏡である。

問題は、三角縁神獣鏡が畿内を中心に出土することで、このことから、三角縁神獣鏡は邪馬台国大和説を補強していると考えられていた。しかも、卑弥呼が朝貢した景《けい》初《しょ》三年（二三九）と正始《せいし》元年（二四〇）の年号を記した鏡が見つかっていて、これが卑弥呼の鏡であることを証明していると指摘されていたのである。

ところが、三角縁神獣鏡には、いくつもの謎が生まれてしまった。まず、銅鏡の本場・中国では、三角縁神獣鏡がまったく見つかっていないのだ。そうなると、この鏡はどこで造られたのか、まったく分からなくなってしまったのである。

さらに日本でも、景初四年と銘うった鏡が発見されてしまったから大騒ぎになった。景初という年号は三年で終わっていて、それを知らなかった何者かが、この鏡を造っていた可能性が高くなってしまった。このことによって、三角縁神獣鏡は日本製ではないか、と疑われるようになってしまったのである。

さらに、三角縁神獣鏡は確かに畿内を中心に見つかっていたのだが、その総数が、どんどん増えて、卑弥呼がもらった数の五倍の約五百枚に達してしまった。このことが、「卑弥呼の鏡ではない‼」ことの証拠になってしまい、物証を手がかりにした邪馬台国論争も、手詰まりになった。

どうやら、文献に続いて、三角縁神獣鏡も、邪馬台国論争の主役の座を降りてしまったようである。

一方、近年新たな論争の火種になってきている問題がある。それが「纏向遺跡《まきむくいせき》」なのである。

纏向遺跡はいつ誕生したのか

考古学や古代史に精通した方なら、当然のことながら、纏向遺跡はご存知だろう。けれども、古代史がそれほど好きではない、という方にとって、「纏向」がどれほど重大な意味を持っているのか、ほとんど興味がないに違いない。

まず、ここが最大のポイントなのだが、ヤマト朝廷の誕生を何に求めるかというと、それは、前方後円墳《ぜんぽうこうえんふん》の出現であり、その前方後円墳は、「纏向遺跡」で生まれ、成長したということなのだ。つまり、纏向遺跡の出現こそ、ヤマト朝廷の誕生を意味していたのである。

ちなみに、なぜ前方後円墳の出現がヤマト朝廷の誕生を意味しているかというと、この埋葬《まいそう》文化が、西日本各地のそれぞれの地域で行なわれていた埋葬文化を寄せ集めて完成していた可能性が高いこと、さらに、この独自の埋葬文化が、四世紀には南は九州南部、北は東北南部に至る地域に「選択」されていったことが大きな意味を持っている。

すでに触れたように、太古の日本では、「政治」は「まつりごと」だったのであり、埋葬形態の統一運動は、宗教観の共有、政治的紐帯《ちゅうたい》につながっていったはずで、もしこれを「統一国家」と呼べないにしても、ここに巨大な文化圏、交易圏が出現していたことを明らかにしているわけである。

では、纏向と邪馬台国の間には、何かしらの因果が認められるのだろうか。

問題は纏向遺跡の出現、それに最初期の前方後円墳（纏向型）の造営の時期で、邪馬台国畿内論者は、二世紀末から三世紀の初頭だったと主張し、百年近くの間、この地に繁栄がもたらされたという。もしこれが本当なら、纏向と邪馬台国の時代は、ほぼ重なることになってくる。

邪馬台国の時代背景をあらためて確認しておくと、以下の通りとなる。

ヤマト建国は三輪山山麓で展開された

「魏志倭人伝」や『漢書《かんじょ》』倭国伝《わこくでん》などの話を総合すれば、弥生時代後期（二世紀）の倭国は戦乱の時代だったようで、その混乱を収拾するために、二世紀の末頃卑弥呼が共立されたという。その後卑弥呼は、狗奴《くな》国との戦乱に巻き込まれ、その戦争状態の中、西暦二四七年頃死んでいる。

その後男王が立つも、国中服さず、ふたたび戦乱が勃発《ぼっぱつ》したので、卑弥呼の宗女《そうじょ》・台与《とよ》が王に立てられたという。三世紀前半の女王は卑弥呼で後半の女王は台与だったということになる。

このように、邪馬台国は三世紀に実在した倭国の都であり、その三世紀の日本で最大の遺跡が纏向遺跡なのだから、邪馬台国畿内論者が、「纏向は邪馬台国」と主張する意味が分かってくる。
ただし、一つ問題が残されている。纏向遺跡の出現が三世紀初頭とされる、その根拠である。

それは、纏向遺跡の出現の時期とほぼ同時に造られた最初期の前方後円墳（纏向型前方後円墳）勝山《かつやま》古墳の周溝《しゅうこう》で発見された木製品《もくせいひん》であった。これを年輪年代法《ねんりんねんだいほう》に照らし合わせてみたところ、三世紀初頭に伐採された木材であったことが判明したのである。

年輪年代法とは、樹木の成長が年ごとの気候の変動に左右され、これが年輪として記録されていくことを利用して、遺跡の絶対年数を割り出そうとする試みである。杉なら杉、ヒノキならヒノキの暦年のパターンを調べ上げ、発掘された木材の年輪と照らし合わせれば、その木材が伐採された絶対年数を知ることができるという画期的な方法で、日本の場合、弥生時代はおろか、縄文《じょうもん》時代のある時期までなら確実に年代を特定できるという優れものである。

この方法で勝山古墳の周溝から見つかった木材を調べたところ、三世紀初頭の木材ということが分かった。だからこの古墳も、三世紀初頭に築造されたものと、邪馬台国畿内論者は主張した。纏向遺跡の出現は卑弥呼の共立の時期とほぼ重なること、そうであるならば、邪馬台国は畿内のヤマトで決まったと豪語する考古学者も現れたのである。

ところが、邪馬台国北部九州論者は猛烈に反発した。

まず、年輪年代法に対する不信感である。

勝山古墳で見つかった木材は、三世紀初頭に伐採されていたとしても、伐採してすぐ周溝に埋もれてしまったかどうか、確かめようがないというのだ。たとえばその木材が百年間建物の部材として利用され、その後棄てられたとしたらどうだろう。勝山古墳は四世紀初頭の古墳であった可能性も出てくるわけである。

たしかに、その通りで、勝山古墳は三世紀初頭以降に造られたことは確実だとしても、それならば、三世紀初頭と断定できるのかというと、それは無理な話であって、それを「すでに確定済み」と言い放つのは、邪馬台国畿内論者の確信犯的な暴論である。

驚異の纏向遺跡

纏向遺跡がいつ頃出現したのか、それを明確にするには、もう少し時間がかかりそうだ。ただし、だからといって纏向遺跡の価値が下がるわけではない。

纏向遺跡は、邪馬台国やヤマト建国の真相を知る上で、もっとも大切な遺跡であることには変わりはない。少なくとも、邪馬台国の時代と纏向遺跡は途中から重なっていたはずで(遅くとも三世紀半ばには出現していただろう)、邪馬台国の時代の半ばから後半にかけて、ヤマトの盆地の東南の隅に、西日本で最大規模の集落跡が出現していた意味は、すこぶる大きいといわざるを得ない。少なくとも、この地がヤマトという国家のひな形となっていたことは間違いない。しかも、纏向は、それまでの普通の集落とはまったく異なる設計図をもって造られた政治と宗教の都市だったのである。

そこで、纏向遺跡がどのような都市だったのか、その様子を見ておこう。

纏向遺跡は、黎明期《れいめいき》のヤマト朝廷の聖地・三輪山《みわやま》の山麓《さんろく》の扇状地に造られた計画的な都市だ。

いつ頃の遺跡かというと、ここまで触れたように、まだ確定的ではない。だが、邪馬台国畿内論者の指摘が正しければ、二世紀末期から四世紀半ばまでの間、繁栄を誇ったということになる。

ちなみに、これも邪馬台国畿内論者の論をそのまま受売りすれば、三世紀後半にはいって纏向遺跡の規模は倍近くに拡大している。また、纏向遺跡の前半を彩る土器が「庄内式《しょうないしき》土器」で、後半の土器は「布留式《ふるしき》土器」と呼ばれている。

このふたつの土器の名は、ヤマト建国の時代の「時間軸」となっているので覚えておいて損はない。さらに余談ながら、庄内式土器の時代は前方後円墳が産声《うぶごえ》を上げた時期で、まだ完璧に型が定まっていなかったため、「纏向型前方後円墳」と呼んでいる。のちのヤマト朝廷を象徴する前方後円墳は「定型《ていけい》化した前方後円墳」で、布留式土器の時代の到来とともに登場する。初期の代表的な「定型化した前方後円墳」は、纏向遺跡の箸墓《はしはか》古墳である。

それはともかく、遺跡の大きさは東西二キロ×南北一・五キロで、こう聞くとそれほど大きいとは思えない。だが、のちの時代の藤原《ふじわら》宮や平城《へいじょう》宮と遜色《そんしょく》ないのだから驚きだ。

纏向遺跡がそれまでの弥生時代の各地の環濠集落と異なっている点は、いくつもある。その一つは、在地系の土器のみならず、外から持ち込まれた（外来系という）土器が多いということだ。

東海（四九％）、山陰・北陸（一七％）、河内《かわち》（一〇％）、吉備《きび》（七％）、関東（五％）、近江《おうみ》（五％）、西部瀬戸内《せとうち》（三％）、播磨《はりま》（三％）、紀伊《きい》（一％）ということになる。

土器も外来系だが、纒向で生まれた前方後円墳も、「外来系」である。前方後円墳の原型は、まず吉備で誕生し（たとえば岡山県倉敷市《くらしきし》の弥生後期の楯築墳丘墓《たてつきふんきゅうぼ》は、直径四五メートルの円墳の両脇に二つの方形の出っ張りを持っていた。墳丘の全長は八〇メートルにおよんでいる）、これに出雲の四隅突出型墳丘墓《よすみとつしゅつがたふんきゅうぼ》の貼石《はりいし》やヤマトの埋葬文化が習合して誕生し（これが纒向型前方後円墳）、最後の最後に北部九州の豪奢な副葬品《ふくそうひん》という文化がやってきて完成したようだ（これが定型化した前方後円墳）。この中で、ヤマト土着の埋葬文化が前方後円墳に与えた力は、極めて限定的である。

纒向に「外」から土器や文化が集まったのは、この地が内陸部にもかかわらず交通の要衝だったからかもしれない。奈良盆地は東から西に向かって傾斜しているが、古くは西側は湖沼《こしょう》や湿地帯で、「幹線道路」は東と南側を走っていたものだ。その交点が、纒向のあたりである。さらに、近くに古代の市場・海柘榴市《つばいち》があって、ここは東国の入口でもあった。瀬戸内海が西日本の流通のかなめであり、そこから大和川《やまとがわ》をさかのぼった終点が海柘榴市や纒向でもある。

纒向遺跡とはどんな都市？

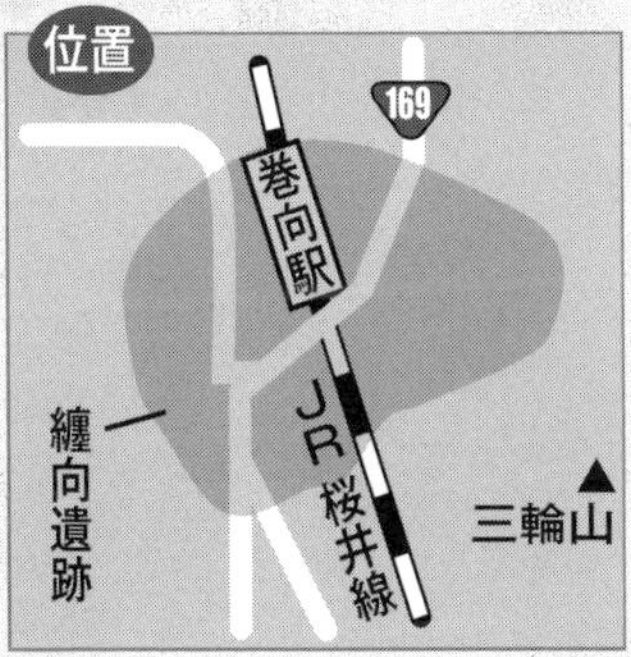

三輪山の山麓の扇状地に造られた計画的な都市

時期 2世紀末期から4世紀半ばまでの間、繁栄

規模 東西2km×南北1.5km。のちの時代の藤原宮や平城宮と遜色のない大きさ！

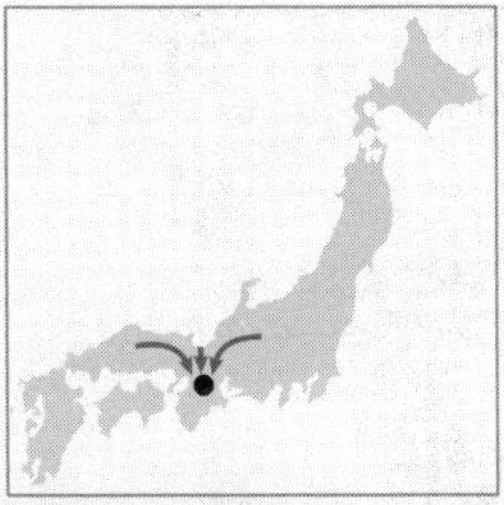

特徴 在地系の土器のみならず外から持ち込まれた土器が多い

『日本書紀』もヤマトの最初の都・纏向を認めている？

纏向遺跡は、それまで何もなかった場所に計画的に造営され、忽然《こつぜん》と姿を現した文明の都市でもある。

幅五メートル、深さ一・二メートルの大きな溝がVの字状に二本掘られ、纏向遺跡を東西に流れる四本の川を結ぶ全長二六〇〇メートルにおよぶ大運河となっていた。

だいたい纏向には、それまでの弥生集落とは根本的な違いがいくつもあった。まず農耕機具が少なく、土木具が多いという特徴がある。また、「一般人」が生活する竪《たて》穴住居《あなじゅうきょ》が見あたらず、その一方で祭祀遺物《さいしいぶつ》やこれに伴う「導水施設《どうすいしせつ》」が発見されている。このため、纏向は「政治と祭祀の都市」と考えられるようになった。

また、鉄滓《てっさい》や鉄鍛冶《てつかじ》の道具が見つかっていて、纏向内部で盛んな鉄器生産が始まっていたことが分かっている。

これらの特徴をまとめると、

（1）第一次産業従事者の欠落

（２）共同体内分業の進展
（３）濃厚な政治的・祭祀的要素

　ということになって、ここに国家の萌芽《ほうが》が認められるわけである。

　こうしてみてくれば、纏向遺跡が三世紀から四世紀にかけての倭国の中心として相応《ふさわ》しかったことが分かるが、このことは、『日本書紀』もある程度認めているようなところがある。

　のちにふたたび触れるが、ヤマトの初代王は、初代神武《じんむ》天皇と、第十代の崇神《すじん》天皇の二人とされている。本来同一であった初代王が、二人に分解させられているというのだ。実在した初代王は、第十代崇神天皇で、この人物を

ほとんど埋め戻されてしまった纏向遺跡

モデルに神武天皇が創作されたのだろうとするのが一般的な考えだ。

なぜこのような考えが通用しているのかというと、神武も崇神もどちらも、「ハツクニシラス天皇《すめらみこと》」＝初めてこの国を治めた天皇と、称えられていること。『神武紀』には、ヤマト建国の事情が詳しく語られているが、在世中の記事がすっぽり消えていること、かたや崇神の記事には、最初が切り取られたようになっていて、二人の事蹟は、二人で一つのように読み解くことが可能だからだ。

その「もう一人の初代王」の崇神天皇の宮は『日本書紀』によれば、磯城瑞籬宮《しきのみつかきのみや》（桜井《さくらい》市《し》金屋《かなや》）で、第十一代垂仁天皇の宮は纏向珠城宮《まきむくのたまきのみや》（桜井市穴師《あなし》）、第十二代景《けい》行《こう》天皇が、纏向日代宮《まきむくのひしろのみや》（桜井市穴師）と、ヤマト朝廷発足当時の王権が三輪山や纏向に都を築いていた様子が描かれている。

もう一つ、すでに一度触れているが、崇神天皇の時代のこと、疫病が各地に蔓延《まんえん》し、占いをして原因を探ると、出雲神・大物主神《おおものぬしのかみ》の意志（『古事記』は祟りだったという）だということなので、朝廷は大物主神の子供を捜し出し、三輪山の大物主神を祀ったという。

三輪山といえば、纏向遺跡を見守る霊山《れいざん》であり、やはり、黎明期のヤマト朝廷が纏向周辺にかかわりを持っていたという話は、八世紀にも伝えられていたことがはっきりとしてくる。

邪馬台国をめぐる新しい仮説

纏向遺跡が邪馬台国であったかどうかは別として、ヤマト朝廷が纏向に産声を上げていたことは、まず間違いないだろう。そうなると、纏向の「時代」をどこに定めるかによって、邪馬台国をめぐる歴史観が大きく変わってくることは間違いないのだが、ここは慎重に、考古学の発展を見守るほかはない。

ただ、最後にどうしても述べておかなくてはならないことがある。それは、これまでの邪馬台国論争が、大切な史料を見落としてきた、ということなのである。

それが、日本側の史料『日本書紀』なのである。

たとえば『日本書紀』は、第十五代応神《おうじん》天皇の母親の神功皇后《じんぐうこうごう》の時代に、「魏志倭人伝」の邪馬台国記事を引用している。このことから、八世紀の朝廷は、「邪馬台国は神功皇后の時代」と考えていたことが分かる。

ところが通説は、「これはありえない」といい、ほとんど無視してしまっている。

それはなぜかというと、

「六世紀以前の『日本書紀』の記述はあてにならない」

こと、さらに、

「神功皇后は七世紀の女帝をモデルに創作された偶像《ぐうぞう》」

という考えがあるからだ。そして、「魏志倭人伝」に描かれた邪馬台国の記事を、『日本書紀』編者は文書のどこかに潜り込ませる必要が出てきて、神功皇后という女傑《じょけつ》に、無理矢理結びつけてしまったのだろう、という通説が生まれたのである。

この結果、邪馬台国論争にかかわりをもつ貴重な日本側の証言は、一顧だにされなくなってしまったわけである。

では、本当にこの記事は、取るに足らない作り話なのであろうか。

いくつもの興味深い事実がある。

まず注目すべきは、神功皇后が、北部九州の「賊」を成敗《せいばい》しているという記事だ。九州の熊襲《くまそ》が背いたという知らせを受け、神功皇后は北陸から日本海づたいに山口県付近に達し、夫・仲哀《ちゅうあい》天皇とともに拠点（穴門豊浦宮《あなとのとゆらのみや》）を造ると、北部九州の沿岸地帯の首長たちは、こぞって恭順してきたといい、博多付近から甘木《あまぎ》に進軍した神功皇后は、最後の最後に、山門県《やまとのあがた》（福岡県みやま市）の女首長を攻め滅ぼし、そこでき

神功皇后が応神を産み落としたという宇美八幡宮

びすを返して新羅《しらぎ》に向かっている。

この説話には、いくつもの問題点が隠されている。まず第一に、「北部九州沿岸地帯の首長層の恭順」があったが、これらの首長層たちの分布と、「纏向型前方後円墳の北部九州での広がり」は、ほぼ重なる。くどいようだが、この前方後円墳は、三世紀前半から後半にかけての古墳であり、邪馬台国の時代と重なることになる。

そうなると、神功皇后の北部九州遠征は、纏向出現当時の西日本の様子を活写していた疑いが出てくる。さらに、神功皇后が討ったという「山門県」は、邪馬台国北部九州論の最有力候補地であり、その地の女首長を神功皇后が討ち取ったという話、じつに暗示的である。

山門が「邪馬台国」にそっくり、ということだけではない。山門を攻めた神功皇后もまた、「トヨの女神」と多くの接点を持っているから問題なのだ。神功皇后の宮の名は「豊浦宮《とゆらのみや》」で「トヨの港の宮」となり、宗像大社《むなかたたいしゃ》の伝承によれば、神功皇后は「海神《わたつみ》の娘」で、妹に「豊姫《とよひめ》」がいたという。

邪馬台国の卑弥呼の宗女（一族の女）が台与（豊姫？）であったという「魏志倭人伝」の記事を当てはめれば、ここにひとつの仮説が導き出される。

つまり、三世紀の西日本は、北部九州と畿内のヤマトの二大勢力に分裂していて、熾烈《しれつ》な勢力争いを演じていたのではないか、ということで、しかも、纏向に集まった諸勢力は、北部九州の沿岸地帯に働きかけ、切り崩しを計画し、成功したが、筑後川《ちくごがわ》の南部の山門県を中心とする勢力が、最後まで抵抗していた……。そしてこれを、神功皇后が討ち取り、政権を滅ぼしたのではなかったか……。ただし、山門の女首長は「親魏倭王」の称号を獲得していたから、神功皇后が「卑弥呼の宗女」という形で、王権を継承したのではなかったか。

このような推理ができあがってみると、本居宣長が提示した、邪馬台国偽僭説が、興味深い仮説に思えてくる。

弥生時代を通じてもっとも繁栄した地域といえば、北部九州の沿岸地帯だった。それはもちろん、朝鮮半島にもっとも近い地という交易の利便性、そして、最先端の文物が流入し、多地域を圧倒していたからだった。ところが、弥生時代後期から次第に、北部九州の圧倒的優位という体制に変化が生まれてくる。北部九州の豪奢だった副葬品も、次第に貧相なものになっていったという。そして三世紀のヤマトの勃興である。この前後、北部九州勢力は、起死回生《きしかいせい》の策として、畿内のヤマトに先駆けて魏に朝貢し、倭王を自称し、「親魏倭王」の称号を獲得してしまおうと企んだとは考えられないだろうか。

このあたりの邪馬台国とヤマト建国の事情は、次の章でも検証していきたい。

第三の謎

ヤマト建国の謎

なぜ神武はスーパーマンになれなかったのか

ヤマト建国といえば、真っ先に思い浮かべるのは、神武東征説話《じんむとうせいせつわ》ではなかろうか。そして、どこか神武天皇には、ヤマトを征服した王、というイメージがつきまとう。だが、『日本書紀』に描かれた神武東征は、けっして「強い王の征服劇」ではない。

九州南部の日向《ひむか》を出立した神武天皇は、まず宇佐《うさ》、遠賀川《おんががわ》河口付近（岡水門《おかのみなと》。まったくの余談ながら、この「岡」がのちに、「遠賀」の地名になった）を経由し、瀬戸内海を東に向かった。神武の一行はさらに、大阪湾側からのヤマト入りを目指すも、生駒山《いこまやま》に陣を構えるヤマト土着の首長・長髄彦《ながすねびこ》の抵抗に遭い、敗退。やむなく船に乗り紀伊半島を大迂回し、熊野《くまの》からのヤマト入りを敢行した。いわば正攻法から奇策への切り替えである。

だが、神武一行はこの先も悲惨な試練に悩まされ、ようやくの思いでヤマトの目前にたどり着くが、賊の陣容は手強く、とてもではないが、これを破ることはできそうもなかった。そこで占いをしてみると、天香山《あまのかぐやま》の埴土《はに》を採って、土器を造り、これにお供え物をして神に捧げ、自らも食せばよいという神託を得た。これを信じて実行してみると、敵はおもしろいように崩れていったという。

そして、最後に残ったのは長髄彦なのだが、この人物は、結局神武以前のヤマトの王家(のちにふたたび登場するが、物部氏《もののべし》の祖にあたる)によって殺されてしまうのだった。

このように、神武天皇はけっして強大な武力でヤマトを圧倒したわけではなかった。むしろ、呪術《じゅじゅつ》の勝利だったことを、『日本書紀』は記録しているのである。

神武天皇は架空の人物とされているのだから、そんなことはどうでもいい?

いやいや、それなら聞くが、なぜヤマト朝廷初代大王は、南部九州からやってきたという設定を、『日本書紀』は用意したのだろう。

「それも神話の域を出ていないではないか?」

という不満も聞こえてきそうだ。

だが、神話であるからこそ、なぜ南部九州に天皇家の祖がいたという設定をわざわざ用意する必要があったというのだろう。南部九州は、『日本書紀』が「熊襲《くまそ》の盤踞《ばんきょ》する地」と蔑《さげす》んでいた土地ではなかったか。

それならいっそのこと、最初からヤマトに降臨しても良かったのだし、あるいは、北部九州の地に舞い降りて、そこから東に向かったとしておけば、リアリティが感じ

『日本書紀』に書かれた神武東征

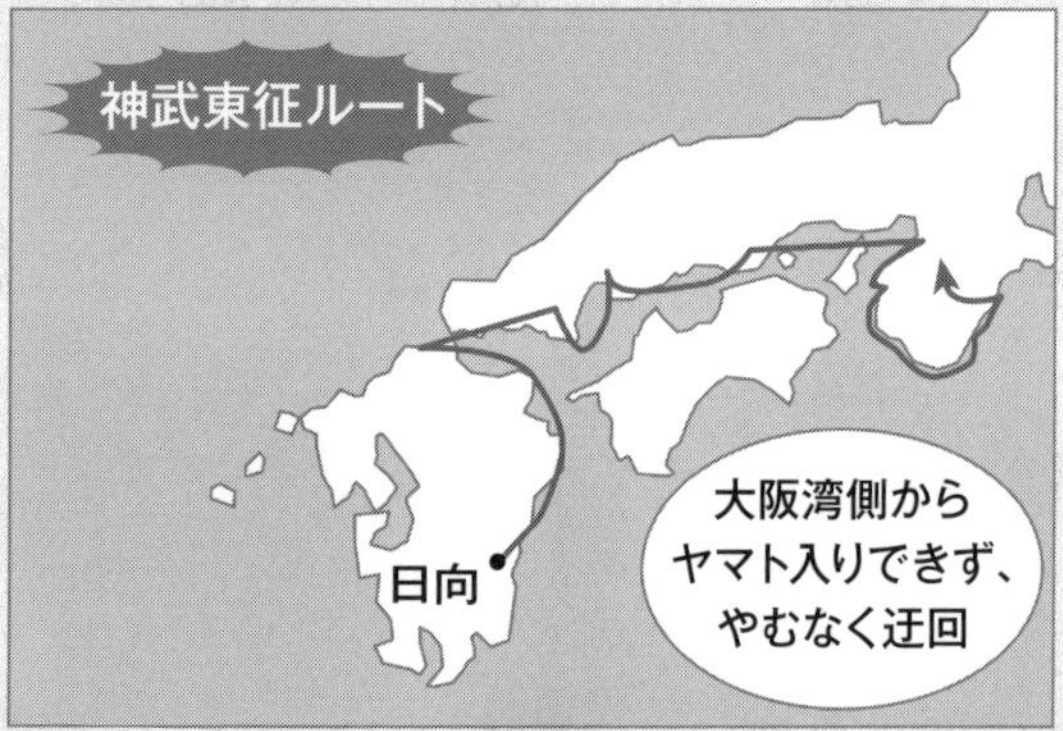

決して強い王の征服劇ではなかった！

←神武天皇の陵

長髄彦に敗退など
情けない話しかないのはなぜか？

られただろうに、なぜ南部九州なのか、その理由が判然としないのである。

それに、ヤマトの長髄彦を圧倒的な武力で潰していたという物語を用意すれば格好が付いただろうに、なぜ長髄彦にはまともに立ち向かっても勝つことができなかったという、そういう情けない話しか用意できなかったのだろう。なぜ神武を「スーパーマン」に仕立て上げようとはしなかったのだろう。

この点、通説はいまだに明解な答えを出していないのではあるまいか。

考古学はヤマト建国の最大のヒント

八世紀のヤマト朝廷は、三世紀前後の歴史をほとんど掌握していなかったと信じられてきたから、神武天皇が「弱い王」だったこと、南部九州という僻地からやってきたことについて、深い疑念は抱かれなかった。

だが、発想を逆にしてみてはどうだろう。『日本書紀』編者は、三世紀の歴史を熟知していて、だからこそ真相を闇に葬ってしまったのではないか、ということである。いや、『日本書紀』は、弥生時代後期からヤマト建国に至る詳細を知っていたのではないかと思えてならない。というのも、すでに第一の謎で触れたように、出雲《いづも》神話が何かしらの事実を語っているように思えてならないからである。

「そんな古い話、歴史が残っているはずがないではないか。第一、文字がなかったのだから……」

これが常識的な考えだろう。だが、確実に文字を使いこなすことができるようになった七世紀から見て、ヤマト建国は、三百年、四百年前の話で、現代でいえば、江戸時代のこととなる。四百年前の関ヶ原《せきがはら》の合戦の詳細が今に伝わっているように、七世紀や八世紀から考えたヤマト建国は、「太古」ではなかったはずだ。

それに、文字がないと歴史は残されないというのは間違いで、人と人が戦い、恨みが生まれれば、歴史は記憶されていくものなのだ。人間が素直で平和なら、歴史は生まれない。

「あいつが憎くてたまらない」

「あいつにわれわれは滅ぼされたのだ」

と、恨みつらみを語り継ぎ、かたや勝者は、「それは逆恨み」といい、「むしろ正しいのはわれわれの方だった」と弁明し、これが語り継がれ、歴史となるわけである。

そうであるならば、激しい争いが起こっていたという弥生時代後期のあたりから、人びとは「愛憎劇」を民族の記憶に焼き付け始めたと考えられる。

「大昔のことだから分かるはずがない……。文字がないと歴史は残らない……」

というのは、大きな誤りである。

そこで、知っていたのに知らぬふりをされたヤマト建国の歴史を再現するために、しばらく、ヤマト建国の考古学と『日本書紀』の記事のどこがつながってくるのか、弥生時代後期から三世紀に至る考古学のおさらいをしておこう。考古学の新たな発見が増えるごとに、考古学の示すヤマト建国と『日本書紀』の示した「神話からヤマト建国」への道のりが、じつはよく似ていたのではないかと思えてくるのである。

さて、何度もいうように、弥生時代の最先端地域は北部九州で、この地には富も蓄えられていた。ところが弥生時代後期になると、山陰地方や吉備《きび》が、徐々に成長していく。このことは、島根県の荒神谷遺跡《こうじんだにいせき》や加茂岩倉遺跡《かもいわくらいせき》、島根から北陸に伝わった四《よ》隅突出型墳丘墓《すみとつしゅつがたふんきゅうぼ》、鳥取県の妻木晩田遺跡《むきばんだいせき》、青谷上寺地遺跡《あおやかみじちいせき》などの物証からも明らかだ。

意外なことに、この頃のヤマトは、特別栄えていたわけではなかった。

ところが、ある瞬間を境に、突然ヤマトに各地の勢力が集まり出し、急速に発展する。これが纏向遺跡《まきむくいせき》で、吉備、山陰などの土器が、増えていくのであり、北部九州は出遅れている。

この考古学の証言、『日本書紀』にも似たような記事が残されていたことに気づかされる。

たとえば『日本書紀』によれば、神武東征以前、出雲神・大物主神《おおものぬしのかみ》は、「ヤマトの三輪《みわ》に住みたい」と言い、ヤマトにいち早く降臨し、第十代崇神《すじん》天皇などは、大物主神をさして「ヤマトを造成した神」と称えている。

また、饒速日命《にぎはやひのみこと》なる人物は、いずこからともなくヤマトに降臨し、土着の長髄彦の妹を娶《めと》り、ヤマトに君臨していたという。そして、最後の最後に、九州から神武天皇がやってきて、ヤマトは建国されたという。このストーリー、まさに纏向の成長の過程をたどっているかのようではないか。

しかも、これもすでに触れたように、山陰＝出雲はヤマト建国に大いにかかわりを持っていたが、このののちの出雲周辺の動きが、『日本書紀』の記述と重なってくるのである。というのも、ヤマト建国後、出雲は没落し、埋没していってしまうのである。これは、出雲神話と似ているし、歴史時代に入っても、朝廷がさかんに出雲の神宝を検校《けんぎょう》し、出雲をいじめ抜いたと『日本書紀』には記録される。これは、出雲の国譲りにそっくりである。

吉備とそっくりな物部氏

まだまだ、ヤマト建国の考古学と歴史記述は重なってくる。

くり返すが、纒向には、吉備、出雲、東海、北陸などの地域の土器や埋葬文化がまず集まって、最後の最後に九州がやってきていた。この順番は、まさに『日本書紀』のいう神武東征によく似ている。神代《かみよ》の出雲国譲りの直前、出雲神・大物主神はヤマトに一番乗りした。その次が物部氏の祖の饒速日命で、この人物の出身地は明記されていないが、それは吉備だろう。物部氏の拠点となった大阪府八尾市から、三世紀の吉備の土器が見つかっている。

考古学の進展ではっきりしたことは、吉備がヤマト建国の中心に立っていたということだ。前方後円墳の原型がまず吉備で造られていること、纒向に集まった土器の中で、吉備のものは「祭器」であり、他の地域とは隔絶していたからである。

一方物部氏も、他の豪族とは違う格別の存在なのであり、また、その性格は、吉備のそれによく似ている。

物部氏の石上神宮《いそのかみじんぐう》に祀《まつ》られる韴霊《ふつのみたま》は、当初吉備で祀られていたという。それだけではない。天皇家は物部の祭祀形態《さいしけいたい》から多くの伝統を引き継いだとされているが、『先《せん》代旧事本紀《だいくじほんぎ》』によれば、神武東征時の功績を認められ、物部氏は寵愛《ちょうあい》されたが、朝廷の祭祀や儀式のあれこれは、物部氏が確立したという。ヤマト朝廷の当初の祭祀形態を、九州からやってきた天皇家ではなく、いずこからともなくやってきた物部氏が決めたというのは、物部が吉備からやってきたからではあるまいか。

出雲の神宝を何回も検校しているのは物部氏で、それはなぜかといえば、地勢上、吉備もヤマトも、出雲が邪魔でしょうがなかったからだろう。ちなみに、弥生時代後期からヤマト建国に向けて、出雲は北部九州との交流を強めている。ヤマト↓吉備のラインにとって恐ろしいのは、出雲↓北部九州とつながる日本海側の勢力によって関門海峡を封鎖されることで、だからこそヤマトの政権にすれば、出雲は邪魔で仕方がない。

吉備地方は、五世紀前半になるとヤマトの大王家《おおきみけ》と同等かそれ以上の前方後円墳を造り、力を見せつけるが、五世紀半ば以降、次第に衰退していく。これは、物部氏の盛衰とも重なってくる。

このように、物部氏が吉備出身の大豪族であるとすれば、「出雲と吉備がまずヤマトにやってきた」事実を、『日本書紀』はなぞっていたことになる。

前方後円墳の原型となった吉備の楯築墳丘墓

神武天皇がヤマト入りする以前のヤマトの様子を、『日本書紀』がかなり正確に記述していた疑いは強まるばかりだ。そして、最後の最後に「九州が参画してヤマトは完成した」というのだから、まさに『日本書紀』の記述はヤマト建国そのものではないか。

ただ、違う点もある。それは、神武が北部九州ではなく南部九州からきたということになっていることなのだが、その理由については、こののち触れるとして、ここではもうひとつ、ヤマト建国の考古学と『日本書紀』の記述の似通った例を挙げておこう。それは、もう一人の初代王・崇神天皇のことだ。

ヤマト建国後崇神天皇は、日本各地に将軍を派遣する。それが四道将軍《しどうしょうぐん》で、彼らのなかでも東方に遣わされた二人の将軍の行程に秘密が隠されている。

太平洋側と日本海側からそれぞれ東に向かった二人は、やがて東北地方南部の会津《あいづ》若松《わかまつ》市付近で落ち合って、だからこのあたりを「相津《あいづ》」というようになったというのだが、おもしろいのはこの地名説話だけではなく、四世紀に日本各地の首長たちが、ヤマトの象徴・前方後円墳を選択していくが、その北限が、まさに会津若松市付近だったことである。つまり、四道将軍の行動範囲は、そのままヤマト建国後の倭国の領域を示していた疑いが強いのである。

なぜ三世紀に纏向（ヤマト）は勃興したのか

ここで改めて、大きな謎が浮かんでくる。

それは、なぜ三世紀、突然纏向が勃興したのか、ということである。そしてなぜ、『日本書紀』は、ヤマト建国の詳細を知っているくせに、分解し、説話化し、そして神話に封印してしまったというのだろう。

まずここで明らかにしておかなければならないのは、纏向前夜の西日本の状況ではなかろうか。というのも、ヤマト建国直前の各地の「鉄器の保有量」には、顕著な差があって、北部九州が断トツ一位、その次が、熊本県付近、そして、山陰地方や吉備の一帯が続く。これに対し意外なことにヤマトには、ほとんど鉄が流れ込んでいなかったのである。そして、ヤマト建国の前後、突然蛇口をひねったかのように、この地に鉄がもたらされているのである。

邪馬台国北部九州論者は、

「ヤマトは鉄を持たない弱小国なのであって、そのヤマトに邪馬台国があったはずがない」

と声高《こわだか》に叫び、邪馬台国畿内説の不利を訴える。

それはそうとしても、ではなぜ、弥生時代後期のヤマトは、鉄欠乏症になってしまったのだろう。

この謎解きには、出雲がからんでくる。というのも、弥生時代を通じて、鉄器は北部九州の寡占《かせん》状態にあったのだが、ヤマトがとことん鉄に困窮していた頃、じつは山陰地方には鉄器があふれ出しているのである。

そこで、ひとつの仮説が提出されている。近藤喬一《こんどうたかいち》氏は『古代出雲王権は存在したか』（松本清張編　山陰中央新報社）のなかで、おおよそ次のように述べている。すなわちヤマトの繁栄を阻止しようと目論んだ北部九州が、関門海峡を封鎖して、瀬戸内海を死に体にしてしまったのではないか、というのである。

これに、もう少しアレンジを加えたのが、島根県教育庁古代文化センターの岩橋孝典《いわはしたかのり》氏だ。岩橋氏は「山陰弥生文化公開シンポジウム　山陰VSヤマト」（二〇〇三年七月十九日）の中で、おおよそ次のように述べている。弥生時代後期初頭まで安定していた西日本の流通は、後期中葉頃からきな臭くなった。それは北部九州が瀬戸内海ルートを遮断し、畿内《きない》に向かう鉄素材流通を制限したからだという。これに対し畿内やそれ以東の勢力は、流通ルートを日本海側に求め、だからこそ、山陰地方は急速に発展したというのである。

たしかに、この時期、関門海峡が封鎖された可能性は高い。しかし、山陰地方（出雲）は北部九州と結託《けったく》して、鉄を止めていたのではなかったか。ヤマトに鉄器を流さない見返りに、出雲は鉄器を手にし、また同様に、瀬戸内海の制海権を得るために鍵を握っていた吉備にも鉄を与え、だからこそ吉備が発展したのではなかったか。

なぜヤマトは鉄欠乏症になった？

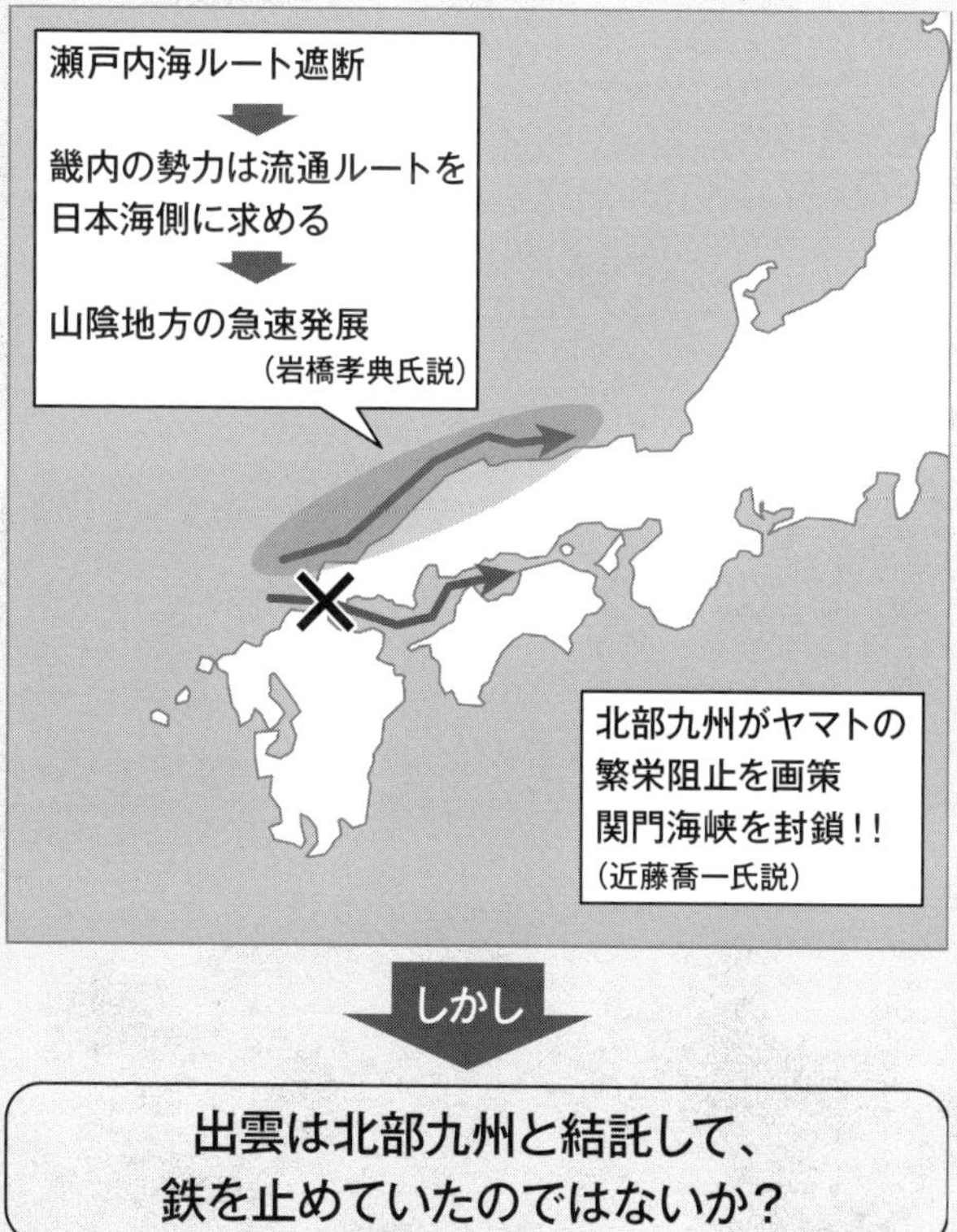

しかし

出雲は北部九州と結託して、鉄を止めていたのではないか？

ヤマトに鉄をつかませない北部九州の論理

雲をつかむような話である。

だが、もう少し、鉄とヤマトの関係について、考えておきたい。

さて、纏向以前のヤマトの鉄欠乏症はかなり深刻で、それにもかかわらず、纏向は、突如現れ、そして一気に西日本を統一するほどの力を持っていったわけである。もちろんそれは、単一の強大な王権の仕業《しわざ》ではなく、周囲の首長層が寄り集まって「総意」によってヤマトは誕生したわけである。それはそうとしても、

「ほとんど何もなかった真空状態の場所」

に、なぜ求心力が、突然備わったというのだろう。

そしてなぜ北部九州は、ヤマトに鉄の入ることをとことん嫌ったのだろう。なぜ出雲や吉備ならOKで、ヤマトだけはだめだったのだろう。

それはこういうことではなかったか。

弥生時代の北部九州の繁栄は、朝鮮半島に近いという交易上の地の利を持っていた。

そして、中国側の文書によれば、朝鮮半島南部には鉄鉱石の鉱脈があって、周辺の人

びとが群がっていて、その中に倭人が含まれていたという。その場合もやはり、北部九州は有利だった。

だが、長所は裏返せば短所になるもので、北部九州は日本列島から見れば、西のはずれにあった。北部九州から見れば、鉄を大量に仕入れても、これを売りさばかないと利益が出ない。だから、東に向けて交易ルートを築く必要があっただろう。その際、ヤマトが大きな目障りになったのだとすれば、それは、ヤマトの地が弥生時代当初から、北部九州とは別の文化圏、交易圏を形成し、東国社会との接点であったことが、大きな意味を持っていたからだろう。

また逆に、ヤマトから見れば、朝鮮半島に向かうには、北部九州が大きな障害になっていたわけで、ここに緊張関係が生まれる素地が潜在していたのである。

さらに、ヤマトは天然の要害でひとたびここに巨大勢力が出現すれば、太刀打ちできなかった。また、北部九州は、知恵や力、富では補うことができないネックをかかえていた。それは、地形上の不利で、もし仮に東方から軍勢に攻められれば、守ることができないもろさが、地形上の宿命として横たわっていたのである。

地図を開いてみればはっきりと分かることだが、北部九州沿岸地帯は、海からの急襲に耐えることができない。だから、博多《はかた》から見て南方の丘陵地帯に東西をはさまれた太宰府市《だざいふし》あたりが、海からの攻撃に対する防御ラインとなる。七世紀、白村江《はくそんこう》の戦いに敗れた倭国軍は、やはり太宰府市に水城《みずき》と大野城《おおのじょう》を築いて、大軍の上陸に備えた。

つまり、朝鮮半島との交易を考えた場合、博多を中心とした「港湾都市《こうわんとし》」が、もっとも栄えるはずだったが、ひとたび戦乱の時代となれば、北部九州の中心は、太宰府市付近に移らざるを得なかった。博多は商都であって、防衛に適した町ではけっしてない。

このあたりの事情は、『日本書紀』の記事からも推察できる。神功皇后《じんぐうこうごう》が山口県に宮を造り海から北部九州を威圧しただけで、沿岸地帯の首長層があわてて恭順してきたという話だ。

弥生時代の博多付近がまず勃興し、ヤマト建国の直前の邪馬台国が博多から見て南方にあったという「魏志倭人伝《ぎしわじんでん》」の記事は、まさに、この当時の倭国の混乱と北部九州の「地の利」をいい当てていたのである。

では、太宰府市付近が、もっとも防御力が強かったのかといえば、じつは、ここに大きな問題が隠されている。北部九州の本当の弱点があって、太宰府市付近だけを守っていても、背後から攻めかかられる不安があった。

というのも、筑後川の上流には「日田《ひた》盆地」が控えていて、ここは、東からの攻撃

山陰と畿内の土器が出た大分県日田市の小迫辻原遺跡

に弱く、逆に西からの攻撃に頗る強いという特性を持っていた。だからこの地がいったん東側の勢力の手に渡ってしまったら、太宰府市も安住の地ではなくなってしまうのである。

　そして事実、纏向の出現とほぼ同時に、日田の盆地に東側の勢力がやってきている。日田を支配するにもっとも適していると考えられる高台に、山陰と畿内系の土器が集まり、政治と宗教の集落が完成していたのである（小迫辻原《おざこつじばる》遺跡）。もちろん、「日田を支配したい」ということではない。日田をまず抑えて、筑紫平野《つくしへいや》や玄界灘《げんかいなだ》の沿岸地帯を「死に体」にするためだろう。

北部九州の立場

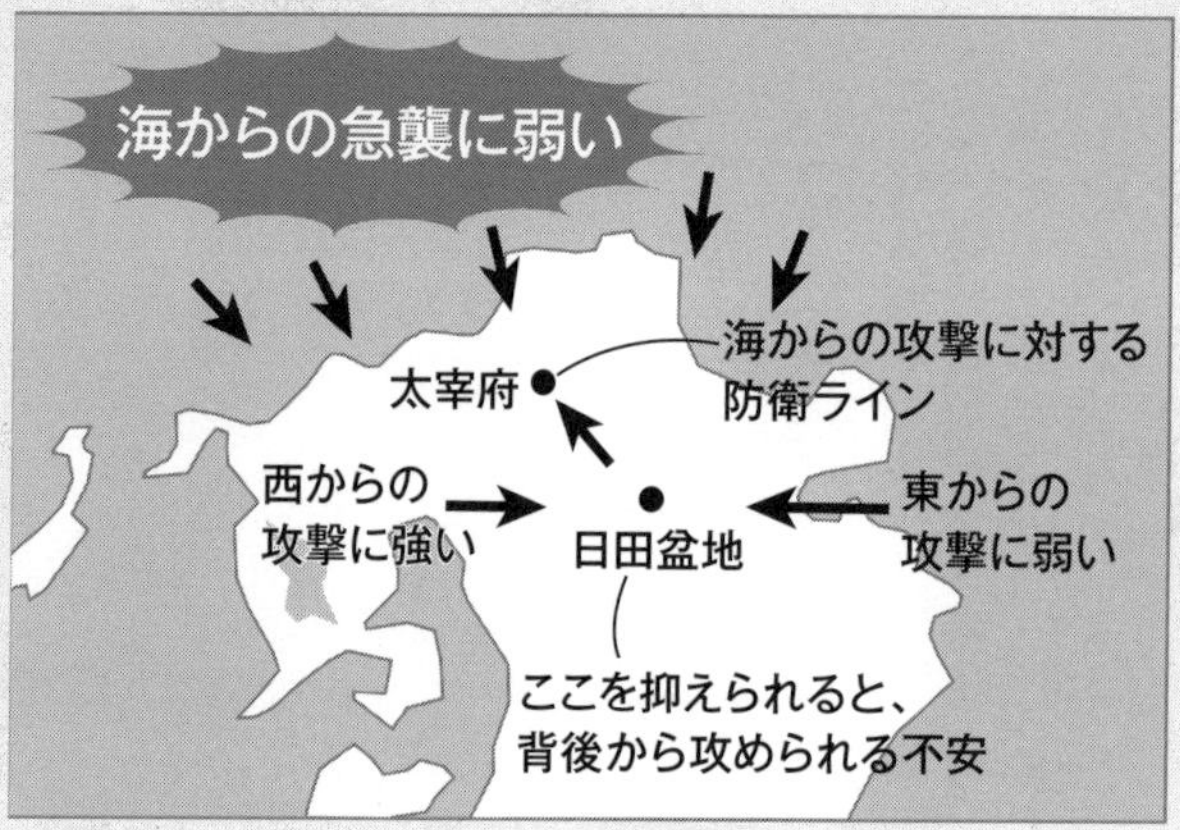

長所 朝鮮半島に近い
という地の利

短所 日本列島から見れば
西のはずれ

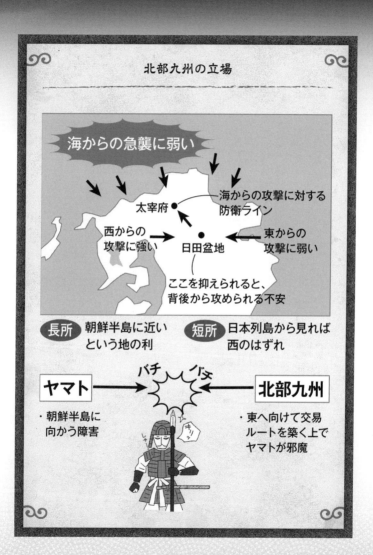

近世になっても徳川幕府は「日田の地勢力の利点」を見抜いていて、ここを天領《てんりょう》（幕府直轄領）と定め、北部九州ににらみをきかすための楔《くさび》を打ち込んでいる。

こうなってくると北部九州の勢力は、対抗処置として、筑紫平野を守るための要害を求めたはずで、それがどこかというと、唐突ながら、久留米《くるめし》市の高良山《こうらさん》だったと考えられる。

なぜ邪馬台国は高良山の裏側なのか

ヤマト建国と北部九州の地の利など、これまでほとんど語られることはなかった。

だが、なぜヤマトに鉄はなかったのか、その「貧窮《ひんきゅう》」のヤマトに、なぜ突然多くの人びとが集まりはじめたのか、その理由は、「魏志倭人伝」だけを読んでいても、けっして分かるはずもなかったのである。

だが、邪馬台国の卑弥呼《ひみこ》が高良山の裏側の山門県《やまとのあがた》に身を潜めていたと仮定し、それはなぜかといえば、東（ヤマトや出雲）が日田に楔を打ち込んできたからと考えれば、すべての謎が解けてくるはずである。

そこでもう少し、高良山の話をしておこう。

高良山は日田の盆地から流れ下る筑後川の南側を並行して走る耳納山系《みのうさんけい》の西のはずれに位置している。単独峰ではないからこそ、敵に囲まれても兵站《へいたん》を維持することができる利点を持っていて、また、筑紫平野を一望のもとに見渡すことができる点など、戦略上のポイントになるための条件を備えていた。

古代、中世、近世を通じて、「武」の要の位置となり、「天下の天下たるは、高良の高良たる故《ゆえ》なり」と称賛されたほどだ。

古代には景行《けいこう》天皇がこの地で国見《くにみ》（地域の支配権を確立するための呪術）を行ない、神功皇后はこの近くの旗崎《はたさき》に来たという伝承が残り、継体《けいたい》天皇の時代の磐井《いわい》の乱《らん》の際、山麓が最終決戦場ともなった。南北朝時代には征西将軍宮懐良親王《せいせいしょうぐんのみやかねよししんのう》が征西府《せいせいふ》をこの地に置き、戦国時代の豊臣秀吉も、このあたりに陣を敷いた。

実際、この山に登って展望台に立ってみれば、なぜ歴代武将たちが高良山を目指したか、その意味がはっきりと了解できるはずだ。まさに天下を取ったような気分にさせてくれる不思議な光景が、眼前に広がるのだ。

高良山は、白村江の戦いの後、城塞《じょうさい》化されたようで、かつては山の中腹を一周する土塁《どるい》が築かれていたようだ。その土塁の基礎となる列石が神籠石《こうごいし》で、約七〇～八〇セ

一直線に並ぶ高良山神籠石

ンチの巨岩が、高良山の二五〇〇メートルをぐるりと取り囲んでいたようで、現存する神籠石も、一五〇〇メートルある。

　なぜ高良山がそれほど重要だったかというと、それは日田盆地に対抗するためであり、さらに、有明海《ありあけかい》側からの攻撃にも対処できたから、この地を取った者が、筑紫平野の王になれたわけである。

　ただし問題は、高良山を堅守して「けっして負けない体制」を造っても、東側の勢力に日田を取られてしまえば、身動きがとれなくなるのであって、その後の成長は望めないということなのである。このような北部九州の地の利

「武」の要！　高良山

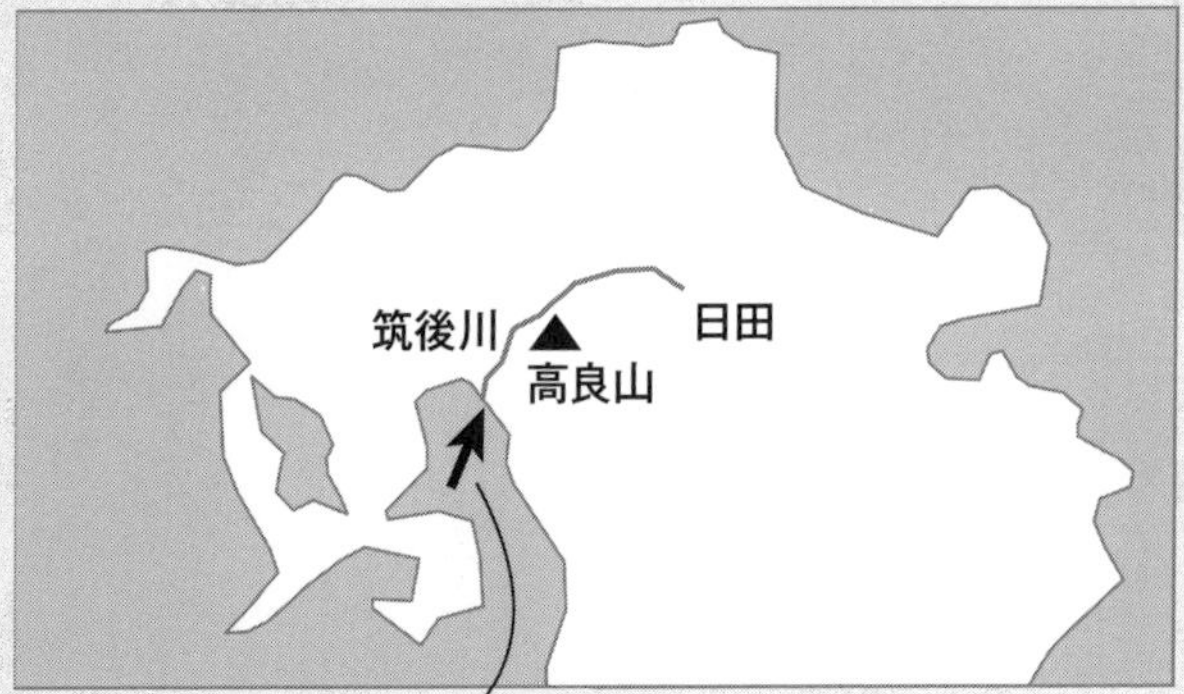

有明海側からの
攻撃にも対処できる

・単独峰ではないので、
敵に囲まれても兵站を維持できる
・筑紫平野を一望のもとに見渡せる

古代・中世・近世を通じて
戦略上の重要ポイント！

の妙を知っていたからこそ、北部九州は、「ヤマトが発展すれば、いずれ北部九州は衰退する」ことを、熟知していた、ということにほかなるまい。

だからこそ、過剰な意地悪ともいえる、瀬戸内海封鎖作戦を敢行したのだろうし、山陰地方にも、ヤマト封じ込めを強要したのではなかったか。

いつ誰が纏向に着目したのか

そうなってくると今度は、「いつ」「なぜ」、纏向に人びとが注目しだしたのか、という問題が浮上してくる。

ここでひとつ、お断りしておかなければならぬことがある。それは、『日本書紀』の時間設定の話だ。

すでに触れたように、第一代神武天皇と第十代崇神天皇は、同一人物である可能性が高い。二人ともに「ハツクニシラス天皇《すめらみこと》（初めてこの国を治めた天皇）」と称賛されているのは、両方が、「初代王」だったからだろう。

ところで、歴史上、「神の名を冠した皇族」は四人いる。それが、今話した神武天皇、崇神天皇、それに神功皇后とその息子で第十五代の応神天皇《おうじん》だ。

普通に考えれば、「神」の名がついているのは「人間業《にんげんわざ》とは思えない立派な業績を残したから」と思われよう。神武と崇神は、まさにヤマト建国の祖であるから、「神」の名を与えられたことに、何の疑問も出されてこなかった。

しかし、古代における「神」は、「鬼」と表裏一体であり、人知の計りしれない、あるいは「人の力では制御できない恐ろしいパワー」と同意語であった。

このことを無視することはできない。そのベクトルが、どちらを向くかによって、災難がもたらされるか豊穣《ほうじょう》がもたらされるか、その差が出てくるだけの話である。

つまり、日本人にとっての神とは、キリスト教徒のいうような「正義の神」「絶対の神」ではなく、「時には悪さもする恐ろしい大自然」と考えた方が正確である。

神は原則として天変地異をもたらす恐ろしい存在なのであって、これを必死に敬い恐縮し、祀りあげることによって、どうにか平穏な日々がもたらされるという発想である。そうであるならば、四人の「神」の名をもつ人びとに用心しなければならない。

彼らは、立派な業績を残した方々というよりも、国中を震え上がらせた恐ろしい人びとではなかったか。

その証拠に、神功皇后は平安時代に至っても、「祟《たた》る恐ろしい女神《めがみ》」と考えられていたようだし、神武天皇は、まさに祟る恐怖を振りまくことで、ヤマト入りを成功させている。応神天皇も、喪船《もふね》に乗せられ、「御子《みこ》は亡くなられた」とデマを流すことで、敵に恐怖心を植え付け、ヤマトに入ることができたのである。

そうなると、なぜ初代王の二人に神の名が冠せられたのかは大きな問題となり、また、第十五代応神天皇やその母の神功皇后をも神扱いした（鬼扱いでもある）意味も、考え直さなければならない。

じつは、神武と崇神だけではなく、応神天皇も、「もう一人のハックニシラス天皇」だったのではないかと思える節がある。

まず第一に、神武東征の行程と応神東征が、ぴたりと重なってくる。

さらに、神武天皇をヤマトに誘ったのは塩土老翁《しおつつのおじ》という老人の神だったが、応神の手を引いたのは、武内宿禰《たけのうちのすくね》で、この人物も、人間離れした長寿の人である。

この次の浦島太郎の謎のところではっきりとさせるが、塩土老翁と武内宿禰の間には、いくつもの接点と共通点があって、二人はどうやら同一人物らしい。そうなると当然のことながら、神武と応神も、同一だったことになる。

二度あることは三度ある。応神はやはりヤマト建国の王にちがいない。それもそのはず、応神の母の神功皇后こそ、邪馬台国の時代の女傑《じょけつ》だったと考えることで、多く

ぴったり重なる!?「神武東征」と「応神東征」

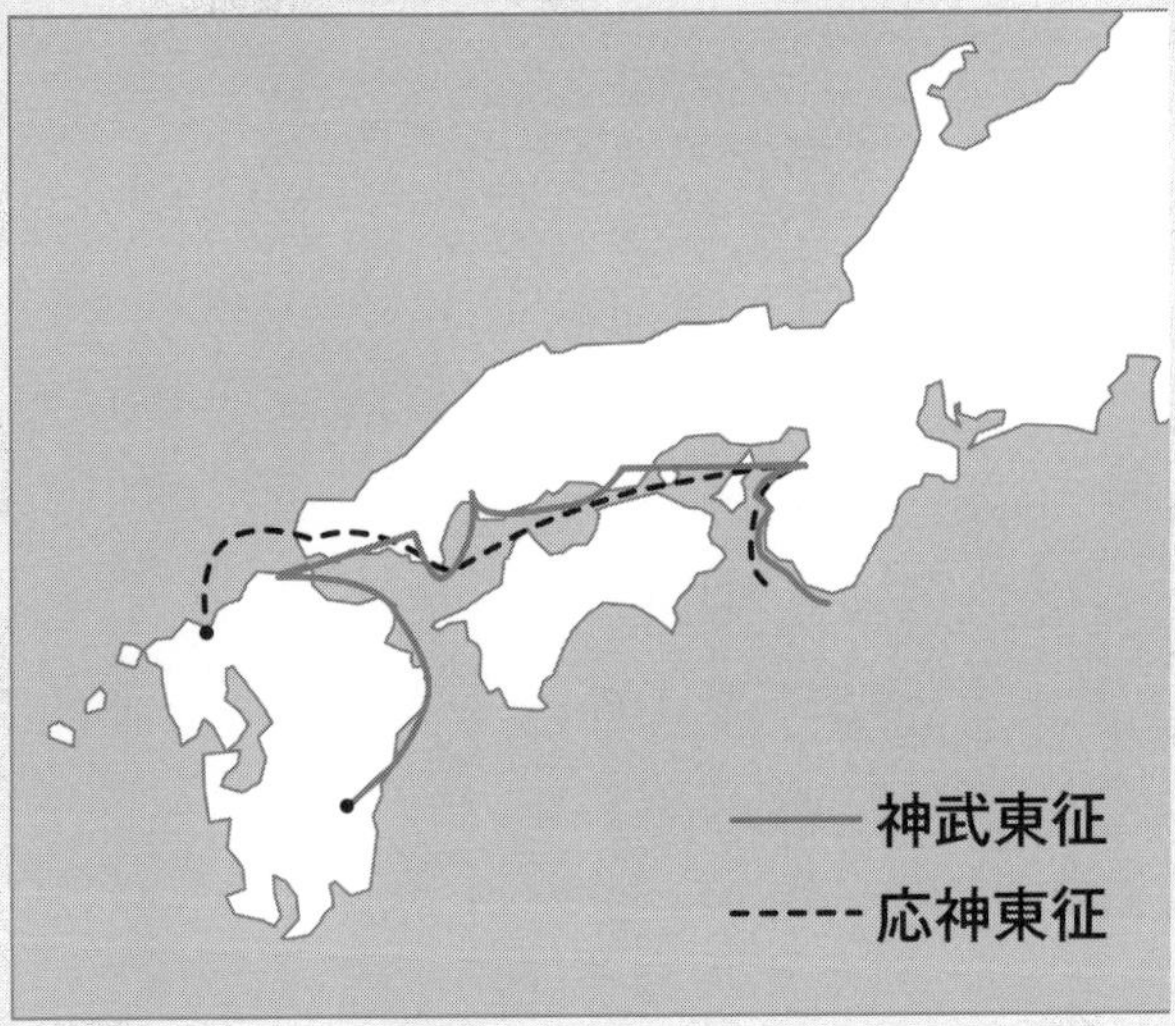

応神＝ヤマト建国の王
神功皇后＝邪馬台国の時代の女傑
と考えると多くの謎が解ける！

の謎が解けてくるのである。

太陽神・アメノヒボコと太陽神を祀る巫女・ヒメコソ（トヨ）

『日本書紀』は三世紀の歴史を熟知していて、だからこそ、ヤマト建国の真相を闇に葬るべく、ありとあらゆる細工を文面に散りばめていたのだ。だが、気をつけていれば、ウソは見抜ける。神功皇后の身辺を探っていくと、どういう理由からか「トヨ」の名をもつ「海の女神」と多くの接点を持っていたことがはっきりする。それは、この女人が邪馬台国のトヨだったからではあるまいか。

何のことはない。北陸から北部九州に乗り込み「山門《やまと》の女首長」を討ち滅ぼした神功皇后は、「魏志倭人伝」のいうところの台与《とよ》であり、台与に殺された女首長こそ、多くの学者が探し求めていた「邪馬台国の卑弥呼」であろう。卑弥呼は新興勢力のヤマトに対抗すべく、自らが「ヤマト」と偽僭《ぎせん》して魏に朝貢《ちょうこう》したということだ。そして親魏倭王《しんぎわおう》の称号を獲得してしまったから、ヤマトは神功皇后を派遣して卑弥呼を殺させたのである。

では、なぜこの直前、ヤマトは勃興したのかといえば、やはり神功皇后がその秘密を握っているように思えてならない。それというのも、『古事記《こじき》』によれば、神功皇后の母方の祖は来日した新羅《しらぎ》王子・アメノヒボコの末裔にあたるのだが、『日本書紀』はこの系譜をまったく無視している。なぜこの系譜を掲げなかったかというと、アメノヒボコこそが、ヤマト建国の真相を知っていたからである。

『日本書紀』によれば、アメノヒボコは崇神天皇を慕ってやってきたというが、『播《はり》磨国風土記《まのくにふどき》』は、アメノヒボコが神話の時代に日本にやってきたと証言している。ここにいう神話時代とは、ようするに「ヤマト建国の直前」ということであろう。

三品彰英《みしなあきひで》氏が指摘しているように（『増補日鮮神話伝説の研究　三品彰英論文集第四巻』平凡社）、アメノヒボコと神功皇后の活躍したルートはほぼ重なっていて、また、アメノヒボコが追いかけ回したという比売語曾《ひめこそ》は、「ヒミコ」のことではないかとする説があるが、「ヒミコ」は「日《ひ》の巫女《みこ》（ヒノミコ）」なのであって、これは職《しょく》掌《しょう》であり、神の神託を下したという神功皇后も、まさに「ヒミコ（比売語曾）」とそっくりなのだ。

そうなってくると、アメノヒボコと神功皇后のコンビこそが、ヤマト建国に大いにかかわっていて、この事実を抹殺するために『日本書紀』はいろいろな小細工をくりかえしたのではないかという疑念につながっていくのである。

このあたりの事情も、次の章でふたたび触れるが、アメノヒボコの性格が大問題である。というのも、この神の名は「天日槍《あめのひぼこ》（天日矛）」で、この名を直訳すれば、「太陽神であるとともに金属の神」ということになる。

アメノヒボコとヒメコソ（ヒミコ＝太陽神の巫女）がセットだったのは、アメノヒボコが太陽神だったからである。そして、問題は、アメノヒボコが冶金技術を日本にもたらしたからこそ、「天日槍」という神の名で称えられた、ということであろう。そして、それがヤマト建国の直前で、しかも『日本書紀』のいうように、アメノヒボコが最終的にとどまった地が但馬《たじま》の出石《いずし》であったというところがポイントである。

但馬の知られざる地の利がひとつだけある。それは、船に鉄を積んで若狭《わかさ》のあたりを東に向かい、敦賀《つるが》に陸揚げしたのち、峠をひとつ越えれば琵琶湖《びわこ》に出られることだ。琵琶湖からふたたび船に乗り換え、大津《おおつ》から宇治川《うじがわ》を一気に下れば、ヤマトへの裏道が続いていることである。

ひょっとして、アメノヒボコは、鉄欠乏症に悩むヤマトを救済すべく、但馬に拠点を造り、鉄を密かにヤマトに送り込んでいたのではなかったか。

さらに、この事実が世間に知られることになった時点で、西日本各地の首長層は、

アメノヒボコのふるさと出石の街並み

青ざめたはずである。ひとたびヤマトに鉄が流れ込み、この地が発展してしまえば、これを潰すことは容易ではなく、それならば、「我先に」と、ヤマトに寝返っていった、ということではなかったか。

アメノヒボコといっても、これまでほとんど知られていなかったから、このようなことを言い出しても、狐につままれたような気分だろう。だが、この人物の秘密は、お伽話の世界にも紛れ込んでいたのだ。

そこで次章では、アメノヒボコとヤマト建国の謎を解くための、お伽話の解明である。

第四の謎

浦島太郎とアメノヒボコの謎

謎とも思えなかった浦島太郎

まったく不思議とも思われてこなかったのに、これまでの常識を根底からひっくり返しかねない謎が、古代史にはまだいくつも眠っている。

たとえば浦島太郎《うらしまたろう》も、そんな「謎とも思えなかった謎」のひとつである。助けた亀に連れられて、竜宮城《りゅうぐうじょう》に行った、あの浦島太郎である。

「何で浦島太郎が古代史と関係あるんだ？」と、大きな疑問が浮かんだだろうか。

だが、『日本書紀《にほんしょき》』は浦島を「実在の人物」といいきり、また、

「別巻を用意して、そちらで詳しく述べておいた」

と述べている（現存せず）。また、古代文書のことごとくが、

「この男のことだけは、黙っていられない」

というように、みな饒舌《じょうぜつ》だったのである。

それでは、なぜ浦島太郎が古代の有名人だったのだろう。

そこで、『日本書紀』の浦島太郎伝説のあらすじを、まず見ていこう。

雄略《ゆうりゃく》天皇というから五世紀後半ということになろう。その二十二年七月の条には、

おおよそ次のようにある。

丹波国《たにわのくに》（のちの丹後《たんご》）余社郡管川《よざのこおりつつかわ》（京都府与謝郡伊根町筒川《よさぐんいねちょうつつかわ》）の人、瑞江浦島子《みずのえのうらしまのこ》（これが浦島太郎の本当の名だ）が船に乗って釣りをしていると、大きな亀が引っかかり、これが女人に変じた。浦島子は驚き喜んで妻にし、海に入り、蓬莱山《ほうらいさん》にいたったという。このあたりの事情は、別巻に詳しく書いてある、というのである。

『丹後国風土記《ふどき》』逸文《いつぶん》には、今日に伝わる浦島太郎伝承そっくりな話が残されている。あらすじを話していると、陽が暮れてしまいそうなので、まず、冒頭の記事を紹介しておこう。そこには次のようにある。

与謝《よさ》の郡《こおり》日置《ひおき》の里に筒川の村があった。この地の日下部首《くさかべのおびと》の先祖の名を筒川島子といい、容姿端麗、風流で雅《みやび》なこと類なかった。これがいわゆる水の江の浦島の子という人物のことで、これから述べることは、土地の伝承と、丹波国守の伊預部馬養連《いよべうまかいのむらじ》が記したものと同じだ、というのである。

このあと、一般に知られている浦島太郎によく似た話が記されている。やはり、雄略天皇の時代の人として、浦島太郎は物語に登場している。

ここに登場している伊預部馬養連は、八世紀に実在した人で、大宝律令編纂《たいほうりつりょうへんさん》にかかわりを持っていた人物として知られている。

神武東征に現れた浦島もどき（京都府宮津市・籠神社）

ちなみに、『丹後国風土記』の浦島伝説の幕切れは、次のようなものだ。蓬萊山で三年遊び、故郷にもどってきた浦島であったが、三百年の年月がたち、景色が変わってしまっていた。浦島は蓬萊山の乙女がなつかしくなり、「けっして開けてはなりませぬ」と戒められていた玉匣《たまくしげ》（玉手箱《たまてばこ》）を開いてしまった。するとどうだろう。若々しかった浦島の容姿は、風雲とともに消え失せ、たちまち老人になってしまったという。

もう一つ、『古事記』に登場した「浦島もどき」の話をしておかなければならない。

神武東征の時の話だ。神武天皇が瀬

戸内海を東に向かって船を進めていると、あちらの方から、亀の甲羅《こうら》に乗り釣《つ》り竿《ざお》を持った男が、腕を羽根のように翻してこちらにやってきたという。その男は国津神《くにつかみ》であることを告げ、先導役を買って出たという。

亀に乗った海の男といえば、浦島太郎であろう。なぜ神武東征の大切な場面に、浦島太郎、いや、浦島太郎もどきが忽然《こつぜん》と姿を現したというのだろう。なぜ『日本書紀』は「浦島太郎は雄略天皇の時代の人」といい、『古事記』は、

「いやいや、浦島もどきは神武東征にも姿を現しましたよ」

と証言しているのだろう。

◎「トヨ」とつながる浦島太郎

このように、今日われわれがよく知っている浦島太郎伝説は、すでに八世紀の段階でほぼ完成していたのであり、さらに、多くの人びとが知っていたこと、それだけではなく、中央政界でも、浦島太郎は、有名だったところに問題がある。

では、なぜ浦島は有名だったのか。なぜ誰もが浦島のことについて、黙っていられれ

なかったのだろう。

そこで、浦島の謎を解き明かすために、話は少し遠回りをする。丹後《たんご》半島の豊受大神《とようけのおおかみ》のことだ。

豊受大神といっても、ほとんど無名の神だ。『日本書紀』も無視している。だが、この女神が伊勢神宮《いせじんぐう》の内宮《ないくう》の天照大神《あまてらすおおみかみ》と肩を並べる神だといえば、意外に思われるだろうか。そう、豊受大神は、伊勢の外宮《げくう》の主祭神なのである。

その豊受大神は、もともと丹後半島の神だった。天《あま》の羽衣《はごろも》伝承の天女といったほうが分かりやすいだろう。

やはり『丹後国風土記』には、次のようにある。丹後国丹波の比治《ひじ》の里（京都府京丹後市）を見下ろす比治山の山頂に井戸（真名井《まない》）があった。ここに八人の天女《てんにょ》が舞い降りて水浴び（沐浴《もくよく》）をしていた。そこに老夫婦が現れ一人の天女の羽衣を隠してしまった。空を飛ぶことができなくなった天女は、老夫婦のもとで暮らし、万病に効く薬を作り続け、家を豊かにした。ところが増長した老翁《おきな》は、天女を追い出してしまう。

嘆き悲しむ天女は、しばらくさまよい歩き、竹野郡《たかののこおり》の船木《ふなき》の里の奈具《なぐ》の村（京都府京丹後市弥栄町《やさかちょう》船木）にたどり着き、

豊受大神伝承のふるさと籠神社

「ここにきて、ようやく我が心はおだやかになりました」
と告げ、この地にとどまったという。この天女が、竹野郡の奈具の社に鎮座する豊宇賀能売命《とようかのめのみこと》（豊受大神）だったというのである。

ではなぜ、こののち伊勢神宮に祀られるのかというと、それは、伊勢の天照大神が独り身で寂しいからと、丹後から勧請《かんじょう》されたのだという。豊受大神は人びとを豊かにする豊穣の女神で、天照大神に食事を捧げる神として招かれたということになる。

では、この話が、どこで浦島太郎とつながっていくのかというと、まず丹後半島の付け根にある丹後一宮の籠神《このじん》

社《じゃ》の周辺で、豊受大神と浦島太郎の伝説が、重なっていることだ。この神社の伝承によれば、豊受大神が初めてこの地に現れたとき、籠《かご》に乗って光っていたといい、籠は亀甲紋なのだから、亀と同義語であり、豊受大神も浦島太郎も、どちらも亀に乗る「海の神」である。

豊受大神ははじめ、真名井で沐浴していたというが、「真名井」は「真《ま》淳《ぬ》名《な》井《い》（マヌナイ）」で、「ヌ」はヒスイの「瓊《ぬ》」であり、ヒスイは水中（海中）から採取される神宝であり、海の神のもたらす宝物でもある。

さらに、海の女神の多くは、どうした理由からか「トヨ（豊）」の名を冠している。海幸山幸神話《うみさちやまさちしんわ》も浦島太郎伝説に瓜二つなのだが、山幸彦《やまさちひこ》が釣り針を求めて海神宮《わたつみのみや》に向かい、ここで出会うのは豊玉姫《とよたまひめ》で、豊玉姫の妹が玉依姫《たまよりひめ》と、「トヨ」「タマ」が重なるのは、タマ＝ヒスイがトヨ＝豊穣をもたらすからだろう。

この、「トヨと浦島のつながり」が分かったところで、もうひとつの浦島伝承に進みたい。

『万葉集』でつながる浦島と住吉

浦島太郎伝説の中で、もっとも興味深いのは、『万葉集』の浦島伝説である。

巻九・一七四〇は、「水の江の浦島の子を詠む一首　短歌を幷《あは》せたり」とあり、高《たか》橋連虫麻呂《はしのむらじむしまろ》の長い歌を載せている。そこには、おおよそ『丹後国風土記』逸文と同じような内容の浦島太郎伝説が語られている。ただ違うのは、浦島が「墨吉《すみのえ》」の出身であったとしていることだ。ここにある「墨吉」とは、大阪市住吉《すみよし》区のあたりをさしている。

なぜ、丹後半島で語り継がれた浦島太郎伝説が、今度は大阪に場所を移しているのだろう。

ここで気づくのは、「墨吉」は、住吉大社の祀られる場所でもあることだ。古代のこの一帯は、瀬戸内海とヤマトを結ぶ水上交通の要衝《ようしょう》として繁栄を誇り、海の神の住吉大神が、船の安全を見守ったわけである。

そして問題は、住吉大神と浦島太郎が、よく似ている、ということである。

まず、浦島太郎は玉匣を開いて、三百歳の老人になってしまったが、住吉大神の別名は塩土老翁《しおつつのおじ》とされていて、やはり「老翁」であったことが分かる。

浦島太郎は「筒川の人」とも呼ばれていたが、この「ツツ」は、住吉三神の「底《そこ》筒男命《つつのおのみこと》・中筒男命《なかつつのおのみこと》・表筒男命《うわつつのおのみこと》」の「ツツ」や、「塩土老翁」の「ツツ」に通じる。

塩土老翁といえば、『日本書紀』の神武東征に際し、東の方角に都にふさわしい土地があることを教え、神武の背中を押した神として知られる。すでに触れたように、この話は『古事記』の中で、浦島太郎もどきが神武をヤマトに誘ったことと通じる。

それよりも少し前、海幸山幸神話の中で、兄にいじめられ浜辺をさまよっている山幸彦に「心配召されるな」と声をかけ、山幸彦を「無目籠《まなしかたま》（水の入り込まないほど固く編んだ籠。ようするに潜水艦？）」に乗せたのも、塩土老翁であった。海幸山幸神話は、まさに浦島太郎の「皇室版」であり、ここで住吉の塩土老翁が活躍するのは、はたして偶然であろうか。

このように、浦島と住吉大神（塩土老翁）は、至るところで共通点と接点を持っているのだが、ここでもう一つの奇怪な伝承を取りあげなければならない。それは、神《じん》功皇后《ぐうこうごう》と住吉大神の怪しい関係についてである。

『日本書紀』によれば、神功皇后は夫の第十四代仲哀《ちゅうあい》天皇とともに九州に赴いたという。それは、南部九州の熊襲《くまそ》が反旗を翻したからだというのだが、途中神託《しんたく》が下り

謎めく住吉大社（大阪市住吉区）

て、熊襲を討つのではなく、新羅《しらぎ》を討てと命じられる。天皇はこの神託を無視し、熊襲を討ってしまったために、変死する。『日本書紀』は、これは天皇が神の言葉を聞かなかったからだという。

奇怪きわまりないのは、仲哀天皇が亡くなった晩、神功皇后と住吉大神は、夫婦の秘め事を行なっていたという住吉大社の伝承だろう。神と神功皇后が、なぜここで男女の仲にならなければならなかったのか。

さらに問題なのは、住吉大神＝塩土老翁が、武内宿禰《たけのうちのすくね》と接点を持っていることだ。武内宿禰といえば、神功皇后の忠臣でつねにそば近くに侍っていたし、『古事記』に従えば、仲哀天皇が亡くなられた晩、登場人物は天皇と皇后、そして武内宿禰だけだから、住吉大社の伝承は、意味深長である。

それでは、塩土老翁と武内宿禰のどこが似ているのかというと、まず、武内宿禰は三百歳の長寿を保ったといい、これは人間離れしていること。三百歳といえば、浦島太郎と同年代であること。武内宿禰はつねに応神《おうじん》天皇により添っていたが、応神の東征に際し、応神の手を引っ張ってヤマトに連れてきたのが、まさに武内宿禰であり、この武内宿禰の動きは、そのまま神武東征の際の塩土老翁や「浦島もどき」とそっくりだ。

もし住吉大社の伝承が何かしらの事実を伝えているのなら、それは、神功皇后と武内宿禰が、「禁じられた恋」に落ちたこと、その火遊びによって生まれ落ちた子供が、応神天皇であることではなかったか。

そしてなぜこの経過を『日本書紀』がうやむやにしてしまったかというと、武内宿禰の末裔問題があったからだろう。『古事記』に従えば、武内宿禰は蘇我氏の祖にあたる。『日本書紀』は蘇我氏がヤマト建国の功労者であるばかりか、天皇家に近い一族であったことを、抹殺する必要に迫られたのではなかったか。

ヤマト建国をめぐる一つの仮説

ここで、一つの仮説を掲げてみたい。なお、ここからの話は、かなり複雑なので、詳細は、拙著『海峡を往還する神々』（PHP研究所）を参照していただければありがたい。

さて、このことはあまり知られていないが、神功皇后は平安時代に至るまで、祟《たた》る女神として恐れられていた。一方、『日本書紀』の記述を信じるならば、神功皇后は北部九州に赴《おもむ》き山門《やまと》の女首長を滅ぼすと、新羅に遠征し、北部九州に舞い戻り応神を生み、応神のヤマト入りを阻止しようと抵抗する敵を蹴《け》散《ち》らしてヤマトに凱旋《がいせん》したという。そうであるならば、神功皇后は歴史の勝者であり、祟るいわれはない。ではなぜ、神功皇后は恐ろしい女人と考えられるようになったのだろう。

大分県の宇佐神宮周辺には、不可解な特殊神事《とくしゅしんじ》が残されている。そのひとつが放生会《ほうじょうえ》で、そのクライマックスで演じられる傀儡子舞《くぐつまい》が、奇妙なストーリーなのだ。

ここに登場する傀儡子たちはみな息長足姫命《おきながたらしひめのみこと》（神功皇后）の眷属《けんぞく》（一族）だといい、演じる前に化粧井戸（真名井）でお清めを受けるという。

宇佐神宮にひっそりと祀られる武内宿禰

傀儡子舞のフィナーレは古要《こよう》相撲《ずもう》で、東西に分かれた傀儡子が争い、はじめは互角、のちに東軍が圧倒する。ところが、最後の最後に「住吉さま（海神）」が登場し、東軍をばたばたと倒していくのだという。

ここであらためて確認しておきたいのは、もし神功皇后らが、現実の歴史で、「東」に勝っていたら、果たしてこのような祭りが宇佐神宮周辺に残っただろうか、ということである。

お祭りは、基本的に、放っておけば暴れ出す大自然（神）を、いかに押さえ込むかという人間の知恵であり、そのために、年に一度神様に大暴れしていただくのである。いわば、インフル

神功皇后は、なぜ祟る？

神功皇后＝祟る女神

しかし

『日本書紀』によると…

・北部九州に赴き
山門の女
首長を滅ぼす

・新羅に遠征し、北部九州に
舞い戻り応神を生む

・応神のヤマト入りを阻止しようと抵抗する
敵を蹴散らしてヤマトに凱旋

歴史の“勝者”なのに、なぜ祟るのか？

エンザの予防接種のようなものだ。

また一方で、現実に今生《こんじょう》に恨みをもって死んでいった者の祟りを恐れて行なう祭りもある。そうであるならば、神功皇后と住吉大神は、現実の歴史で敗れていたからこそ、彼らの怨念《おんねん》を封じ込めるために、「住吉さまのおかげで西が勝った」という古要相撲を、続けてきたのではあるまいか。

そして、『古事記』のなかで、瀬戸内海を東に向かう応神天皇は「喪船《もふね》」に乗せられ、「御子《みこ》は亡くなられた」と喧伝《けんでん》されたという。これは、「西の敗北」を象徴的に言い表していたのであり、東に向かったのは、亡霊の軍団であろう。

だが、この推理はまだ先がある。神功皇后たちはただたんに敗北しただけではない。おそらく山門の女首長を討ち取った神功皇后は、親魏倭王《しんぎわおう》の称号を継承し、倭王《わおう》として君臨したに違いない。これが「魏志倭人伝《ぎしわじんでん》」にいうところの、ヒミコの宗女《そうじょ》・台与《とよ》(神功皇后)であった。

ところが、ここでヤマトは台与が邪魔になったのではなかったか。というのも、「東」の政権にすれば、ようやくの思いで「親魏倭王」の称号を、山門(邪馬台国)から奪ったのである。だが、台与がその称号を抱いたまま北部九州に居座り続けていたとすれば、それはあまりに危険なことであった。

このあたりの真相について、『日本書紀』は別の形で記述していた気配がある。それは、武内宿禰が筑紫《つくし》に赴いていたときの話として出てくる。武内宿禰の弟の甘美内宿禰《うましうちのすくね》なる人物が、次のようなでたらめな報告をしたという。

「武内宿禰は筑紫の地で三韓（朝鮮半島南部）と手を結び、謀反《むほん》を起こそうとしています」

このため武内宿禰は殺されかかり、武内宿禰そっくりな真根子《まねこ》という人物が身代わりになったという。のちにこれが讒言《ざんげん》（ウソの報告）であることが分かったというが、この事件、神功皇后や武内宿禰の新羅征討後の北部九州での立場そのものではなかったか。

ここまで分かった出雲国譲りと天孫降臨の真相

ここで、祟る人たちの顔ぶれを思い出していただきたい。

武内宿禰は塩土老翁そっくりで、塩土老翁は住吉大神と同一だったが、住吉大神は宇佐の特殊神事の中で、「東」に打ち負かされた「西」に加勢し、逆転劇を演じていた。

これは、住吉大神が祟るという言い伝え、信仰があったからだろう。

武内宿禰が常に付き従った神功皇后も祟る女神である。しかも、神功皇后が邪馬台国の台与とすると、ひとつどうしてもひっかかることがある。それは、「その後」がはっきりと分からないのだ。

大和《おおわ》岩雄《いわお》氏は『新邪馬台国論』（大和書房）の中で、纏向《まきむく》の三世紀の発展を考慮したとき、北部九州にいた邪馬台国の台与が、三世紀後半にヤマトに移ったと考えざるを得ないと指摘しているが、それならばなぜ、『日本書紀』は「ヤマトの始祖王＝台与」を無視したのか、という問題が浮上してくる。

さらに、邪馬台国の「ニュース」を追い続けていた中国側の正史が、台与の生涯について、突然無頓着になってしまったのはなぜだろう。

邪馬台国の台与は、歴史の闇に消えてしまったのである。

ひょっとしてトヨ（神功皇后）たちは、ここでヤマトに裏切られたのではなかったか。

意外に思われるかもしれないが、神話の出雲の国譲りと天孫降臨が、じつは同一の事件だった疑いがある。つまり、『日本書紀』神話にいう「敗れた出雲」と「南部九州に舞い降りた天孫」は、同一だった可能性である。

まず、第三章で触れたように、「物部《もののべ》」が瀬戸内海の出身だったとしよう。物部は、ヤマト建国の中心的存在として主導権を握っていたはずだ。

では、武内宿禰や神功皇后はどこから湧いて出たのだろう。『日本書紀』に従えば、神功皇后は「越《こし》（北陸）から北部九州に向かった」という設定を取っている。越の特産品はヒスイで、事実神功皇后は「ヒスイの女神」と結ばれ、しかも「台与」は中国にヒスイの贈り物をしている。

では武内宿禰はどこから出現したのだろう。この男、じつはアメノヒボコとして、但馬《たじま》から神功皇后と共に北部九州に赴いたのではなかったか。なぜ両者が結びつくのかは、このあと説明するが、それよりも、ヤマト建国の前後、「吉備は東に、出雲は西に」ベクトルをのばしていた事実に注目したい。出雲はヤマトに生まれた初期の前《ぜん》方後円墳《ぼうこうえんふん》（纏向型）という埋葬文化を北部九州に伝えようとしていた気配があって、この働きかけと神功皇后に恭順してきた北部九州の首長層の分布は、ほぼ重なっている。

そうなってくると、神功皇后と武内宿禰（トヨとアメノヒボコ）のコンビは、「日本海連合」であったことになる。北部九州と結託し、さらに三韓とつながったとヤマトから見られたのは、アメノヒボコが新羅からやってきたこととともかかわりを持って

くるだろう。ヤマトの吉備にすれば、主導権を奪われる恐怖である。それどころか、関門《かんもん》海峡と日本海を取られれば、ヤマトはふたたび死に体となる。当然のことながら、ヤマトは北部九州に兵を差し向け、「日本海・北部九州連合」を潰しにかかっただろう。

ここにいう「日本海」は神話のなかで「出雲」とひとくくりにされたのであって、「日本海・北部九州連合」の敗北が出雲の国譲りであり、敗残兵の逃避行が、天孫降臨ではなかったか。高良山《こうらさん》から船を漕ぎだし、一気に南下すれば、そこが天孫降臨の地「野間岬《のまみさき》」であり、そこから復活してヤマトに乗り込んだ王が応神であり、神武であったからこそ、いったん敗れたにもかかわらず、「天孫降臨神話」に焼き直されたということである。

第十代崇神《すじん》天皇の時代、ヤマトでは疫病《えきびょう》の蔓延で人口が半減していたといい、発足当初から、ヤマトは没落の危機を迎えていたようである。それで占いをしてみたところ、「出雲の神が祟っていた」ことがはっきりと分かったといい、この時、「祟る神の御子《みこ》を捜し出した」とある。この「忘れ去られた御子」こそ、南部九州の日向《ひむか》に逼塞《ひっそく》していた「トヨの子」であろう。その証拠に、出雲神を祀るヤマト最大の聖地・三輪《みわ》山《やま》の山頂には、最高の神として、「日向御子」という得体の知れない神が祭られている。

正体が分からなくなったのは、歴史が断絶してしまったからで、このような出雲の国譲りと天孫降臨、ヤマト建国に至る真実が判明すれば、謎など無くなる。

なぜ『日本書紀』は新羅王子を神にしたのか

それにしても、なぜ『日本書紀』や古代文書は、武内宿禰の正体を抹殺する必要があったのだろう。それはもちろん、八世紀の朝廷が、武内宿禰の末裔蘇我氏を滅ぼして天下を取ったからだろうと察しがつく。

ところがそうなると、ここで一つの新たな謎につながるのだ。というのも、アメノヒボコは新羅からやってきて、しかも蘇我氏の祖であった可能性が出てきている。そうなると、八世紀の『日本書紀』は、アメノヒボコを「悪の権化」に仕立て上げるべきであった。何しろ『日本書紀』は、朝鮮半島の百済をひいきして、百済の宿敵の新羅をとことん嫌っているからである。

ところが『日本書紀』は、その「新羅の王子様」に、「天日槍《アメノヒボコ》（『古事記』は天日矛《アメノヒボコ》）」という名を与えている。「天」「日」「槍」どれを取っても、非の打ち所のない、完璧で尊厳のある名であるばかりか、太陽神のイメージさえ与えている。しかも、半島の神の名ではなく、これは「日本的な神の名」であるところに問題がある。これはどうにも理解しかねるものがある。

しかも、私見どおりアメノヒボコが武内宿禰と同一人物であるならば、『日本書紀』は蘇我氏の祖に「これ以上はない」というほどの高貴な名を献上したことになってしまう。これはどう考えても腑に落ちない。

そこで話は、ふたたび神話のスサノヲにもどる。「スガ」とスサノヲの関係を思うとき、ひとつの推理がひらめくのだ。

『日本書紀』神話の「別伝」によれば、スサノヲははじめ新羅に舞い降りたが、「この地にはいたくない」といって、日本にやってきたという。これをもって「スサノヲは新羅からやってきた」とする説が根強いが、それよりも問題は、スサノヲが「日本にだけ樹木を植えた」という神話の設定で、さらにこれを朝鮮半島の鉄に対抗して「浮宝《うくたから》」と呼んでいることだ。なぜ木材と鉄が、対等の宝になり得たのだろう。

それは、鉄を生産するための燃料が、朝鮮半島で枯渇《こかつ》して、日本列島に豊富にあったこと、その利点を、スサノヲは見抜いていた、ということであろう。

では、スサノヲは、新羅出身で日本にやってきたということなのだろうか。どうやらこれは見当ちがいのようだ。

ここで思い出すのは、浦島太郎である。

なぜ誰もが浦島太郎について、饒舌だったのだろう。それは、この男が歴史の重大な秘密を握っていたからだろう。

そこで気になるのは、『万葉集』の掲げた浦島太郎伝説の、最後の部分なのだ。

それは何かというと、「あちらにいったままならよかったのに、こちらにかえってくるなんて、こいつはなんて間抜けなのだ」としめくくっていることなのである。

なぜ故郷に帰ってきたことが、それほど非難されなければならないのか、そこには、何かしらの事情があったからにほかなるまい。

海峡を往還した者たちの悲劇

こちらからあちらに行って、あちらからこちらに帰ってきてひどい目に遭ったのが浦島太郎である。この話、何かしらの歴史を暗示していたのではあるまいか。

ここで話は、意外な場所に飛ぶ。十二世紀に記された朝鮮側の歴史書『三国史記《さんごくしき》』の「新羅本紀《しらぎほんぎ》」は、脱解王《だつかいおう》という謎の人物を掲げている。一世紀の半ばに新羅の第四代の王になったとされる伝説の人物だ。

それによれば、脱解王は海の外からやってきたという。倭国の東北千里の「多婆那《たばな》国」に卵で生まれた。その卵は箱に入れて海に流され、半島の最南端の金官《きんかん》国にたどり着き、さらに新羅に流れ着いたという。老婆《ろうば》に拾われ、育てられた脱解は、立身出世をとげ、南解王《なんかいおう》の王女を娶《めと》り、のちに王位についたのだという。

さて、脱解の出身地「多婆那国」とはどこだろう。

一説に、ここにある「倭国」は、北部九州のことで、その東北の「多婆那国」とは、「丹波《たんば》」「但馬《たじま》」ではないか、というものがある。弥生時代の日本列島では、いくつもの地域に分かれ、異なる文化圏を形成していたのであって、そのなかでももっとも栄えていた地域が北部九州であり、朝鮮半島からみた「倭国」といえば、北部九州であろう。そうなると、「タバナ＝タンバ（タジマ）」説を無視することはできない。

そして、「日本人が新羅の王になった」と大上段に構えるから眉唾《まゆつば》になるのであって、この当時、まだ朝鮮半島には新羅という国家は誕生していなかったし、いくつもの首長たちが分立し共存していたのが本当のところだ。だから、日本からやってきた何者かが、「ひと山当て」、この地で豊かな暮らしをしていたこと、「村長さん」程度の力を持っていたと考えればいいのである。

じつは、朝鮮半島の「海の外からやってきた成金」は、現実だった可能性が高い。というのも、朝鮮半島南部は鉄鉱石の産地で、この当時各地から鉄を求めて人びとが集まっていたこと、そのなかに倭人《わじん》が含まれていたことは、中国の文書も認めている。そして『三国遺事《さんごくいじ》』という文書は、脱解王をさして「鍛冶《かじ》だった」と指摘している。「鍛冶」ということは、ようするに脱解は、鉄を求めてこの地にやってきたということである。

こうなってくると、謎はおもしろいように解けてくる。スサノヲの姿は、まさに脱解のそれとそっくりではないか。さらに、浦島太郎も、スサノヲとよく似ている。それどころか、アメノヒボコも、脱解王の末裔だったのではないかと思えてくるのだ。

つまり、こういうことだ。

アメノヒボコは、新羅に渡った脱解王の末裔や縁者だった……。あるいは、脱解王が築き上げた製鉄集団たちである。そんな彼らが、朝鮮半島の製鉄には限界があるとみなし、「もう一度日本に戻ろう」と考えたのではなかったか。その原因は、朝鮮半島の深刻な燃料不足である。

朝鮮半島の鉄鉱石を日本に持ち込んで、そこで製鉄をすれば、今まで以上の利潤を得ることができる……。これが、アメノヒボコの戦略ではなかったか。彼は御先祖様の故郷「タバナ＝タンバ、タジマ」に立ち返り、西日本がひとつにまとまろうとする流れを造りだし、北部九州を制圧したのではなかったか。そして、アメノヒボコは、政権の中枢に立とうと考えたかもしれない。

だがここで、ヤマトは反発した。というのも、アメノヒボコにすれば、「私は故郷の日本に帰ってきた」という意識だったかもしれないが、ヤマトから見れば、アメノヒボコは「日本人ではない」のである。

この意識の差が、やがて「疑心暗鬼《ぎしんあんき》」を生み、ヤマトがトヨとアメノヒボコを裏切るという形で、幕を下ろしたということではなかろうか。

ヤマト建国が何かしらの「恨み」「祟り」によって成立したと考えられるのは、このような物語が裏に隠されていたからではないかと思えてくるのである。

第五の謎

雄略天皇と継体天皇の謎

なぜ四世紀のヤマト朝廷は発展したのか

三世紀の後半から四世紀にかけて、ヤマトが建国され、その後、どういう理由からか、倭国は中国側の史料から姿を消す。

もっとも、この間ヤマトが停滞していたわけではない。ヤマトの纏向《まきむく》で生まれた前《ぜん》方後円墳《ぼうこうえんふん》という新たな埋葬文化は、南は鹿児島、北は福島県南部まで、広大な地域で「選択」され、ゆるやかな紐帯《ちゅうたい》ではあるが、大きな枠組みが、形成されつつあった。もちろん、各地の首長とヤマトの大王が従属関係にあったかというと、そこまで強いつながりではなかったというのが、今日的な解釈といっていい。むしろ「商圏」といった方が正確かもしれない程度のつながりであろう。

ヤマト建国後の推移で注目すべき点は、なんといってもそれまで流れ込まなかった地域に「鉄」が送り込まれたことで、特にヤマトと東国は、ヤマト成立の恩恵を受けたのである。前方後円墳の広がりも、このような鉄の流通と深いかかわりを持っていたかもしれない。

このように、四世紀の日本列島は、鉄の安定供給によって、農業生産が効率化し、豊かになっていく時代と考えていい。

これが四世紀末になると、力を蓄えたからだろう、朝鮮半島の紛争に、積極的に介入していくようになる。教科書で習った広開土王碑《こうかいどおうひ》が、まさにこの時代のことだったのだ。そこには、倭国《わこく》の兵が西暦三九一年に海を渡り、百済《くだら》や新羅《しらぎ》を臣民にしたといい、また、倭国は北方の騎馬民族・高句麗《こうくり》と盛んに交戦したとある。

ちなみに、広開土王碑は、明治時代に日本軍の手で改竄《かいざん》されたのではないかと指摘されてきたが、今日では、改竄はなかったことが分かっている。それはともかく……。では、なぜ倭国は朝鮮半島に出兵したのかというと、まず第一に、高句麗が南下政策をとって朝鮮半島の南部の国々を圧迫したこと、倭国はこの一帯の鉄鉱石に依存していて、また、日本海を股にかけた交易が盛んで、その権益を守ろうとしたということではあるまいか。

ちなみに、倭と朝鮮半島の交易に関していえば、すでに邪馬台国の時代、対馬《つしま》の民が、南北に市糴《してき》（交易）していたと「魏志倭人伝《ぎしわじんでん》」は伝えている。対馬は全土をリアス式海岸が覆っているような地形で、平地がほとんどなく、住民は自活できないために、果敢に海に飛び出し、商業活動を通じて、生きる糧を得ていたわけである。

とにもかくにも、四世紀末から五世紀にかけての倭国は、それまで築き上げてきた

海の民の島対馬のシンボル・和多都美神社

朝鮮半島での利権を、必死に守り通したということだろう。

では、このころの中国大陸の状況はどのようなものだったのだろう。まず、西暦二二〇年に漢《かん》帝国が滅亡し（邪馬台国の時代にあたる）、長い混乱の時代を迎えていた。魏《ぎ》・呉《ご》・蜀《しょく》の三国時代も、国土の荒廃は進み、人口も激減していて、文明の破滅といってもいいほどの惨憺《さんたん》たる光景が広がっていた。

三国鼎立《さんごくていりつ》の混乱は、やがて国土を二分する南北朝の時代に引き継がれていった。その中にあってヤマト朝廷は、「南」との関係を重視する政策に出ている。倭《わ》の五王《ごおう》が登場する『宋書《そうじょ》』倭《わ》国伝《こくでん》の「宋」も、「南朝」で、倭王に

4世紀末～5世紀頃の朝鮮半島

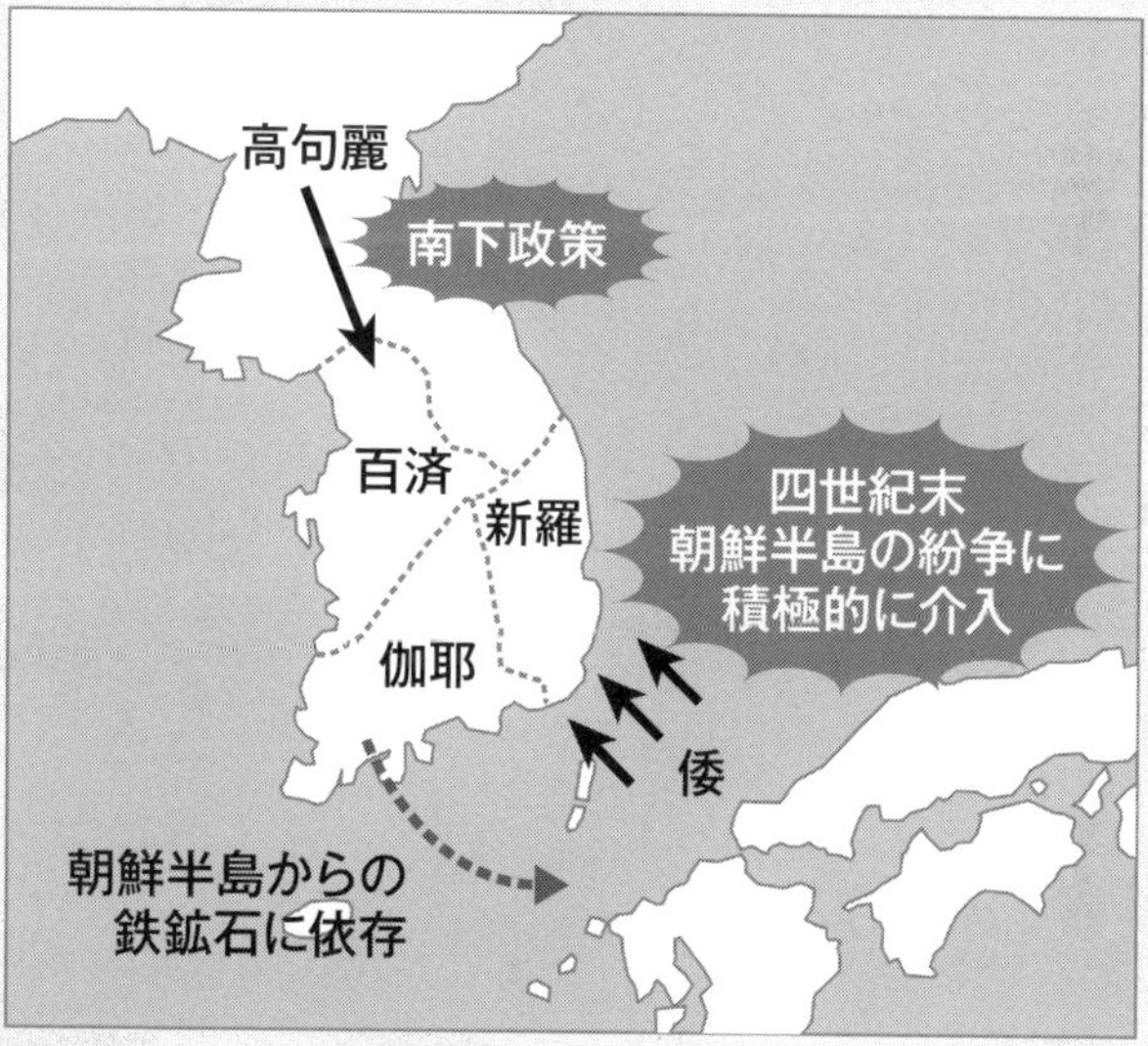

「広開土王碑」には倭国の兵が391年に
海を渡り、百済や新羅を臣民にし、
高句麗と盛んに交戦したとある。

盛んに爵号を与えているのは、「北朝」を圧迫することを期待したからであろう。

クーデターで皇位を獲得した異色の雄略天皇

『宋書』に現れる倭の五王の名は讃《さん》・珍《ちん》・済《せい》・興《こう》・武《ぶ》である。

倭の五王は『日本書紀《にほんしょき》』に登場するどの天皇と重なってくるのだろう。それは仁徳《にんとく》（あるいは履中《りちゅう》か応神《おうじん》とする説がある）、反正《はんぜい》（あるいは仁徳）、允恭《いんぎょう》、安康《あんこう》、雄略《ゆうりゃく》の五人ということになる。

その中でも異端児的存在が、五世紀後半を彩る、雄略天皇ではあるまいか。この大王は、即位する可能性がなかったにもかかわらず、クーデターによって身内を打ち倒し、王権を奪取してしまった人物である。

そして、これから述べていくように、雄略天皇には、まだ解明されていない多くの謎が隠されている。

雄略天皇は允恭天皇の子で、母親は忍坂大中姫《おしさかのおおなかつひめ》。ワカタケルが諱《いみな》である。雄略天皇が倭の五王の武と同一と考えられているのは、和風諡号《わふうしごう》が大泊瀬稚武天皇《おおはつせのわかたけのすめらみこと》で、

倭の五王とは？

『宋書』に記された「倭の五王」

讃……仁徳 or 履中 or 応神

珍……反正 or 仁徳

済……允恭

興……安康

武……雄略

なかでも異端児的存在が **雄略天皇**

↓

その人物像には多くの謎が隠れている

「武」の一字が盛り込まれているところからだ。

雄略天皇が宋からもらい受けた称号は、「使持節都督倭新羅任那加羅秦韓慕韓七国諸軍事安東大将軍倭国王《しじせつととくわしらぎみまなからしんかんぼかんしちこくしょぐんじあんとうだいしょうぐんわこくおう》」という、読むだけで疲れてしまいそうな長大なものだ。もちろん、名誉職的な意味合いと考えた方が無難で、実際に朝鮮半島南部の支配者になったわけではない。それに、雄略の時代、ヤマト朝廷の朝鮮半島政策は、むしろ後退していたから、称号がどれほど役に立ったのか、よく分からない。

雄略天皇が西暦四七八年に南朝の宋に送りつけた上表文には、有名なつぎの一節がある。それは、倭国王の活躍を喧伝《けんでん》する内容となっている。すなわち、昔から雄略の先祖は、自ら甲冑《かっちゅう》を着て山川を歩き回り、休む暇もなく、東は毛人《えみし》（蝦夷《えみし》）を征すること五十五国、西は衆夷《しゅうい》を服すること六十六国、北の海を渡って平らげること九十五国におよびます。王道はのびのびとして、領土は広々としております……。

いかにも勇壮な響きを持った上表文だが、五世紀後半のヤマト朝廷が、すでに東国を支配下に治めていたことに関していえば、前方後円墳のみならず、金石文《きんせきぶん》からもはっきりとしている。それが、稲荷山古墳鉄剣銘《いなりやまこふんてっけんめい》で、そこには、獲加多支鹵《わかたける》大王の名がみえ、これが雄略天皇と重なり、さらに、武蔵《むさし》の地域と朝廷が、密接につながっていたことを、証明していたのである。

それはともかく、話を例の上表文にもどすと、なぜこれほど懸命に「倭国王のすばらしさ」を報告しなければならなかったかというと、裏返せば、それなりの「国内事情」もあったようだ。というのも、『日本書紀』の記事に従えば、クーデターによって強引に政権を奪取した雄略天皇は、朝堂で孤立していた気配がある。付き従う者は、渡来系の何人かの豪族だけだったといい、まちがえて人を殺すこともたびたびだったといい、人びとは口々に「大《はなは》だ悪《あ》しくましします天皇なり」と罵ったという。

三世紀、各地の首長層がヤマトに集まり、彼らの総意のもとにヤマトの王は立てられたに違いない。この時のヤマトの王には、独裁権力など持たされていなかった。ところが、五世紀後半、異端の王＝雄略天皇の出現によって、ヤマトの王家には、激震が走ったようなのである。

織田信長のイメージと重なる雄略天皇

雄略天皇には、どこか織田信長のような破天荒なイメージがある。良くいえば、古いヤマトとの訣別を果たした可能性がある。たとえば、それまではヤマト以外の地で

も巨大な前方後円墳が造営されていたが、雄略天皇の出現ののち、ヤマトに集中するようになった。権力が次第に中央に偏っていくきっかけが、雄略天皇の出現だったようなのだ。

もっとも、それが人びとを幸せにしたのかどうかについては、資料が少なすぎるために、判断はつかないのだが……。

たとえば、葛城の神との邂逅《かいこう》説話は、じつに暗示的だ。『日本書紀』雄略天皇四年春に月条には次のようにある。

葛城山に狩りに出た雄略天皇の一行の前に、天皇とそっくりな人物（長人《たきたかきひと》）が出現する。天皇はこれが神であることをすぐに悟ったが、名を問いただしてみた。すると、その人物は現人神であることを告げた。そこで雄略天皇が名乗ると、神は「一事《ひとこと》主神《ぬしのかみ》（一言主神）」と名を告げたという。二人はこのあと一緒に狩りを楽しみ、馬の轡《くつわ》を並べた。夕暮れ、一事主神が雄略天皇を送ると、それを見ていた人びとは、

「なんと徳の高い天皇なのだ」

と称賛したという。

『古事記《こじき》』にも似たような話があって、葛城山に狩りに出た雄略の一行とそっくりな装束をまとった行列があちらからやってきたという。

一言主神のおわします葛城山

「私のほかにヤマトに王はいないのに、あれはいったい何者だ」

と、雄略は激怒して矢を射かけたが、あちらも同じようにしてくる。そこで名を問うと、一言主大神と答えたといい、雄略は恐れかしこまったという。

とまあ、『日本書紀』と『古事記』は、葛城の神と雄略天皇は仲が良かったと証言しているが、事実はそうではないようだ。

というのも、まず第一に、雄略が即位の直前のクーデターを成功させるに際し、ターゲットにしたのは、当時最大の勢力を誇っていた円大臣《つぶらのおおおみ》で、この一族を皆殺しにして、権力を奪い取ったのだった。この円大臣は「葛城

氏」で、ようするに、葛城の神を祀る一族だったわけである。

『続日本紀《しょくにほんぎ》』天平宝字《てんぴょうほうじ》八年（七六四）十一月の条には、次のような話が載っている。

昔葛城では、高鴨神《たかかものかみ》（一言主神）を祀っていたが、その葛城の賀茂《かも》氏らが、次のようにいった。

「その昔、雄略天皇が葛城山で狩りをされたとき、老人が姿を見せ、天皇と狩りを競いました。このことを天皇はお怒りになり、老人を土佐国に流してしまわれました。これは、われわれの先祖が祀っていた神が老父に身をやつして現れたものだったのです」

こうして、賀茂氏は、流された神を元に戻して欲しいと願い出たというのである。なんとも、気の遠くなるような話だが、当時の人間にすれば、真剣だったのだろう。とにもかくにも、土佐の一言主神は、八世紀に無事に葛城に戻ることができたのである。

この賀茂氏の訴えを見る限り、どうやら五世紀後半、雄略はヤマトを代表する現人神である一言主神を、追っ払ってしまったようだ。

なぜかあらゆる場面で最初に登場する雄略

雄略天皇が何をしでかしたのか、資料が少ないため、すべてを明快に解き明かすことは不可能だ。ただ、この人物があらゆる場面で「最初に登場する」のは、どうにも不可解だ。

そのもっとも分かりやすい例は、『万葉集《まんようしゅう》』だろう。

『万葉集』といえば、額田王《ぬかたのおおきみ》や柿本人麻呂《かきのもとのひとまろ》といった、天才歌人をすぐに思い浮かべるが、それならば、『万葉集』の第一巻の一番最初の歌は誰のものが取り上げられているかと聞かれて、答えられる人はどれだけいるのだろう。

何を隠そう、第二十一代雄略天皇の歌が、真っ先に取り上げられている。それが、「泊瀬《はつせ》朝倉宮《あさくらのみや》に天の下知らしめしし天皇の代」の天皇の御製歌《おほみうた》である。

「籠《こ》もよ　み籠《こ》持ち……」とはじまり、籠を持って菜を摘む乙女に、家と名を問いただす歌だ。しかも、現代風にいうと、

「ヤマトを治める大王であるこの私に、よもや携帯の番号を教えないということはありませんよね」

と、やや強圧的に、誘いをかけている感じか。

そして、どうにも腑に落ちないのは、二首目が、いきなり舒明《じょめい》天皇の時代に飛んでしまうことなのである。舒明天皇とは、中大兄皇子《なかのおおえのみこ》の父親であり、七世紀の蘇我《そが》氏の全盛期の飛鳥の天皇である。

その後も、『万葉集』は節目節目の「一番最初」に、雄略天皇の歌を、まるで栞《しおり》のように持ってくるのである。

『万葉集』だけではない。『日本書紀』の編者も、雄略天皇には奇妙なこだわりを持っていたようだ。

近年『日本書紀』の執筆者がいったい誰だったのか、その具体的な名前が、精密な分析によって割り出されたが（『日本書紀の謎をとく　述作者は誰か』森博達《もりひろみち》　中公新書）、このなかで、『日本書紀』が何人かの述作の寄せ集めであることもはっきりして、それぞれの時代の記事ができあがった順番や、「くせ」も明らかになってきている。

この結果はっきりしたことは、『日本書紀』の第十三巻と第十四巻の間に大きな断層が見つかったことで、第十三巻というのは、第十九代允恭《いんぎょう》天皇と第二十代安康《あんこう》天皇の話、第十四巻というのは、まさに雄略天皇の時代の話だったのである。

こうなってくると、「継ぎ目継ぎ目に雄略があてがわれた」という話、どうやら偶然ではなさそうだ。そうなると、この人物、いったい何者なのか、いよいよもって興味が尽きないが、その正体を解き明かすだけの材料が、まだそろっていない。いつかかならず謎を解いてみたいのだが、それは、のちのお楽しみということにして、大切に取っておこうと思う。

なぜ『日本書紀』は天皇家の歴史に泥を塗ったのか

雄略天皇の王統は長続きしなかった。息子の第二十二代清寧《せいねい》天皇で男系は絶え、その後、娘の春日大娘皇女《かすがのおおいらつめのひめみこ》が仁賢《にんけん》天皇の皇后となって武烈《ぶれつ》天皇を生むが、この武烈が暴君であるとともに、子をなさなかったため、雄略の系譜はここに絶えるのである。

このことに関して、『日本書紀』は「男の子が生まれなかったから」と言い訳するが、そうではなく、雄略から武烈と続く「暴君の出現」が、朝廷の混乱を招いていた可能性も棄てがたい。

どうにも不思議なのだが、天皇家の正統性を証明するために描かれているはずの『日本書紀』にあって、民衆から悪態をつかれる天皇が、五世紀後半から末にかけて、二人も登場しているのである。

武烈天皇の場合、ちょっと度を超している。酒池肉林《しゅちにくりん》は当たり前、それだけでは収まらず、あまりにハレンチな行動に出ているので、直訳して文字に直すことも憚られるほどのご乱心ぶりである。

猟奇という点に関しては、次のような行動が見られる。人の爪を剥がし、その手で山芋《やまいも》を掘らせた。人の髪の毛を引き抜き、木に登らせておいて、その木を切り倒して殺しては喜んだ。人を池に放り込み、外に流れ出てくるところを三叉《みつまた》の矛《ほこ》で刺し殺して喜んだ。人を木に登らせ、弓で射落とし笑い転げた、といった具合だ。

通説はこれらの武烈の悪癖について、じつは中国の文書から引用したのであって現実味はないとしている。だが、では、なぜ『日本書紀』は、わざわざ天皇家の過去に泥を塗ったのだろう。

一般には、これは「易姓革命《えきせいかくめい》」だろう、とされている。すなわち、中国では、前王朝を倒した新王家は、政権交替の正当性を証明するために、前王朝がなぜ滅ばなければならなかったのか、前王朝の腐敗と悪行を暴いて（あるいは捏造《ねつぞう》して）見せたわけである。その上で、この政権交替が「天命」だったことを証明する必要があったのだ。これを「易姓革命」と呼んでいる。

したがって『日本書紀』も、このような中国の方法を応用したのであって、ようするに武烈天皇の段階で、王朝交替があったというのが、今日的な解釈なのである。

このような発想が生まれた背景には、武烈天皇のあとを受けて即位した第二十六代継体《けいたい》天皇の出自の怪しさも手伝っていた。というのも、『日本書紀』によれば、継体天皇は第十五代応神天皇の五世の孫というし、しかも継体は越《こし》の国の田舎貴族だったというのである。

もっとも、『日本書紀』は継体天皇の出現が、はっきりと王朝交替だったといっているわけではない。武烈天皇が亡くなり、武烈に男系の皇統が絶えたために、やむなく越から継体を連れてきた、というのである。

ここに、雄略天皇ともう一人、五世紀後半から六世紀初頭における謎の人物が登場する。

継体天皇の謎は、一般にいわれているような、「果たして王朝交替を成し遂げた王だったのか」ではない。本当の謎は、もっと別のところにある。

継体天皇をめぐる本当の謎

継体天皇をめぐる本当の謎を掲げてみよう。

もし本当に通説のいうとおり継体天皇が王朝交替をしていたのなら、今上天皇《きんじょう》に続く天皇家は、継体天皇の末裔であり、もちろん八世紀の『日本書紀』編纂時の王家も「継体新王朝」の末裔だったことになる。それならば、なぜ『日本書紀』は、暴君武烈まで用意しておきながら、

「継体天皇は新王家!!」

と、大きな声で宣言できなかったのだろう。中国の文明・文化を学び取っていたヤマト朝廷であるならば、易姓革命の論理をもって、王家の交替を正当化することは簡単だったはずだ。

ひとつ、気になるのは、武烈亡き後のヤマトの混乱は、相当根が深かったようで、はじめ継体ではなく、もう一人の田舎貴族に白羽《しらは》の矢が立てられている。

大伴金村大連は、次のように述べている。

「いままさに後継者はなく、天下の人民は誰に従えばいいのか迷い、政治は不安定と

継体登場の直後反乱を起こした磐井の墓

なっております。ちょうど丹波国《たにわのくに》の桑《くわ》田郡《たのこおり》に、仲哀《ちゅうあい》天皇の五世の孫の倭彦王《やまとひこのおおきみ》がいらっしゃいます。願わくば、ためしに兵を差し向け、お迎えしてみてはいかがでしょう」

こうして出迎えの兵士が丹波に向かったが、倭彦王はこれを「追っ手」と勘違いし、どこかに逃げてしまったという。継体天皇は、この次に候補に挙がったわけである。しかもこの時、継体天皇は五十七歳であったという。

そして、継体天皇が一番ではなく、「次善の策」であったというこの『日本書紀』の記述も、妙にひっかかる。もっと継体を美化する物語を、『日本書紀』は用意すべきではなかったか。

『日本書紀』は本気で継体天皇の正当性を証明しようとしていたのだろうか。どうにも不真面目ではないか。

次にもう一つの疑問。

もし仮に、『日本書紀』のいうとおり、継体が応神の五世の孫だったとしたら、なぜ武烈という暴君を用意して、「易姓革命もどき」を演出する必要があったのか、ということなのである。

つまりこういうことだ。通説ははなっから、王家の交替を断言して疑いを持たない。けれども、もし、「王家はかろうじて血脈を守った」という「もう一つの可能性」を信じるならば、武烈の出現こそ、奇怪な事実に思えてくるわけである。

継体天皇の本当の謎とは、むしろこちらにあるのではあるまいか。

そしてもう一つ、継体天皇には、解けない謎がある。それが、二《に》朝《ちょう》併立論《へいりつろん》として一時騒がれた、継体天皇亡きあとの朝廷の混乱である。

継体天皇の崩御《ほうぎょ》（天皇の死を崩御という）は、『日本書紀』によれば継体二十五年二月（辛亥、西暦では五三一）のことで、同年十二月には、埋葬したとある。ところが、『日本書紀』は「或本《あるふみ》に云《い》はく」という形で別伝を用意している。それによれば、継体天皇の崩御は、二十五年ではなく二十八年（甲寅《こういん》、西暦では五三四）のことなのに、あえて二十五年説を採ったのは、『百済本記《くだらほんぎ》』の記事をそのまま信用したからで、しかも『百済本記』には、次のような記事が載っているというのだ。すなわち、

「聞くところによると、日本の天皇と太子、そして皇子は、同時に亡くなられた」
という。どうにも不気味な記事ではあるまいか。

さらに、継体天皇の次に即位した安閑《あんかん》天皇にも謎が残る。

ちなみに、継体天皇がまだ越にいた頃、尾張《おわり》氏の女人を娶って生まれた子が勾大《まかりのおお》兄皇子《えのみこ》と檜隈高田皇子《ひのくまのたかたのみこ》で、それぞれがのちの安閑天皇と宣化《せんか》天皇である。

その安閑天皇の即位前紀には、奇妙なことが書かれている。それによれば、継体二十五年春二月（辛亥、五三一）、継体天皇は勾大兄皇子を即位させた（安閑天皇）といい、同じ日に継体天皇は亡くなられたという。ところが、このあと、安閑元年というのは、「甲寅（五三四）」にあたる、といいだす。三年の誤差が『日本書紀』の中で生み出されているのである。

二朝併立論と応神天皇五世の孫の謎

これら不可解な記事は、いったい何を物語っているのだろう。

興味深いのは、『上宮《じょうぐう》聖徳《しょうとく》法王《ほうおう》帝説《ていせつ》』や『元興寺《がんごうじ》縁起《えんぎ》幷《ならびに》流記《るき》資財帳《しざいちょう》』などの文書の証言を組み合わせると、継体天皇のもう一人の子の欽明天皇の即位年が西暦の五三一年となり、これは『日本書紀』の証言するところの継体天皇の亡くなられた年にあたるわけだから、この数字を優先すれば、安閑と宣化と欽明天皇は、併立していたことになってしまう。

言い忘れていたが、欽明天皇は継体がヤマトにやってきてから、武烈天皇の妹の手《た》白香皇女《しらかのひめみこ》を娶ってできた子供で、ようするに「正妃《せいひ》の息子」ということになるし、ヤマトの政権側からすれば、

「なるべくなら武烈の妹の血統を大切にしたい」

という思惑も働いただろうから、『百済本記』の、「王と皇子がみな死んだ」という記事、きなくささを感じずにはいられないのである。

つまり、何かしらの政変があって、尾張系の皇子たちと手白香皇女の皇子とが対立

尾張氏の祖の天香山命の墓は新潟県の弥彦山にある

し、抗争に発展していた可能性も、否定できないのである。

実際、この時二朝併立状態に陥っていたのではないかとする推理が登場した。継体天皇擁立には大伴氏が活躍していた。ところが、大伴氏はその後、半島政策のつまずきで失脚してしまったから、継体天皇の崩御とともに、蘇我氏に代表される反大伴派が立ち上がり、欽明天皇を擁立したのではないか、という。ところがややあって、体制を挽回した大伴氏が、三年後に安閑を擁立し、南北朝のような動乱の時代になり、宣化天皇の崩御後、ようやく政権は落ち着きを取り戻したのではないかとする二朝併立論が提出されたのである。

だが、そもそもこの時代の『日本書紀』や周辺の文書の記述は、あまりあてにならないという発想から、二朝併立論そのものが、盛り上がらないまま、ほとんど忘れ去られるようになってしまった。

ただここで忘れてはならないことは、継体天皇が出現する以前のヤマト朝廷の「闘争劇」なのである。

まず、すでに触れたように、雄略天皇は当時最大の勢力を誇っていた葛城氏を滅ぼしていた。雄略天皇の強引な手法に、周囲の豪族たちは嫌気がさしていたというし、みな口々に罵っていたという。

一方武烈天皇も、当時もっとも力を持っていた一族と格闘している。武烈即位直前のいざこざがこれで、物部《もののべ》系の女人の奪い合いから平群《へぐり》氏を滅ぼしている。

雄略と武烈が滅亡に追い込んだ葛城氏と平群氏には共通点があって、どちらも武内宿禰の末裔であり、蘇我同族であるということなのである。

独裁色の強い雄略と武烈天皇のそれぞれが、「武内宿禰の末裔」と戦ったこと、その後の渾沌《こんとん》の中から継体天皇が登場した意味を無視することはできない。なんとなれば、継体天皇は、武内宿禰が常に寄り添った応神天皇の五世の孫だからである。この

「応神の五世の孫」という設定にも、深い意味が隠されていたのではなかったか。

もし私見どおり、神武《じんむ》と崇神《すじん》と応神がみな同一人物であったとすれば、「応神天皇の五世の孫」ということは、「始祖王の直系」ということであり、ようするに継体天皇は、天皇家の血が薄い、ということ以上に、雄略的な独裁志向の天皇家と豪族の確執の結果、「ヤマトの王家が振り出しにもどされた」ことを意味しているのではないかと思えてならないのである。

もちろん、まだ雄略と継体天皇には、解き明かさねばならぬ謎がいくつも横たわっているのだから、速断は禁物なのだが、少なくとも、「独裁志向の雄略の出現」によって「合議制《ごうぎせい》を尊重しようとした豪族層」がいったん追い落とされ、その後継体天皇が大伴氏ら豪族層の暗躍で擁立されたことに注目しておきたい。

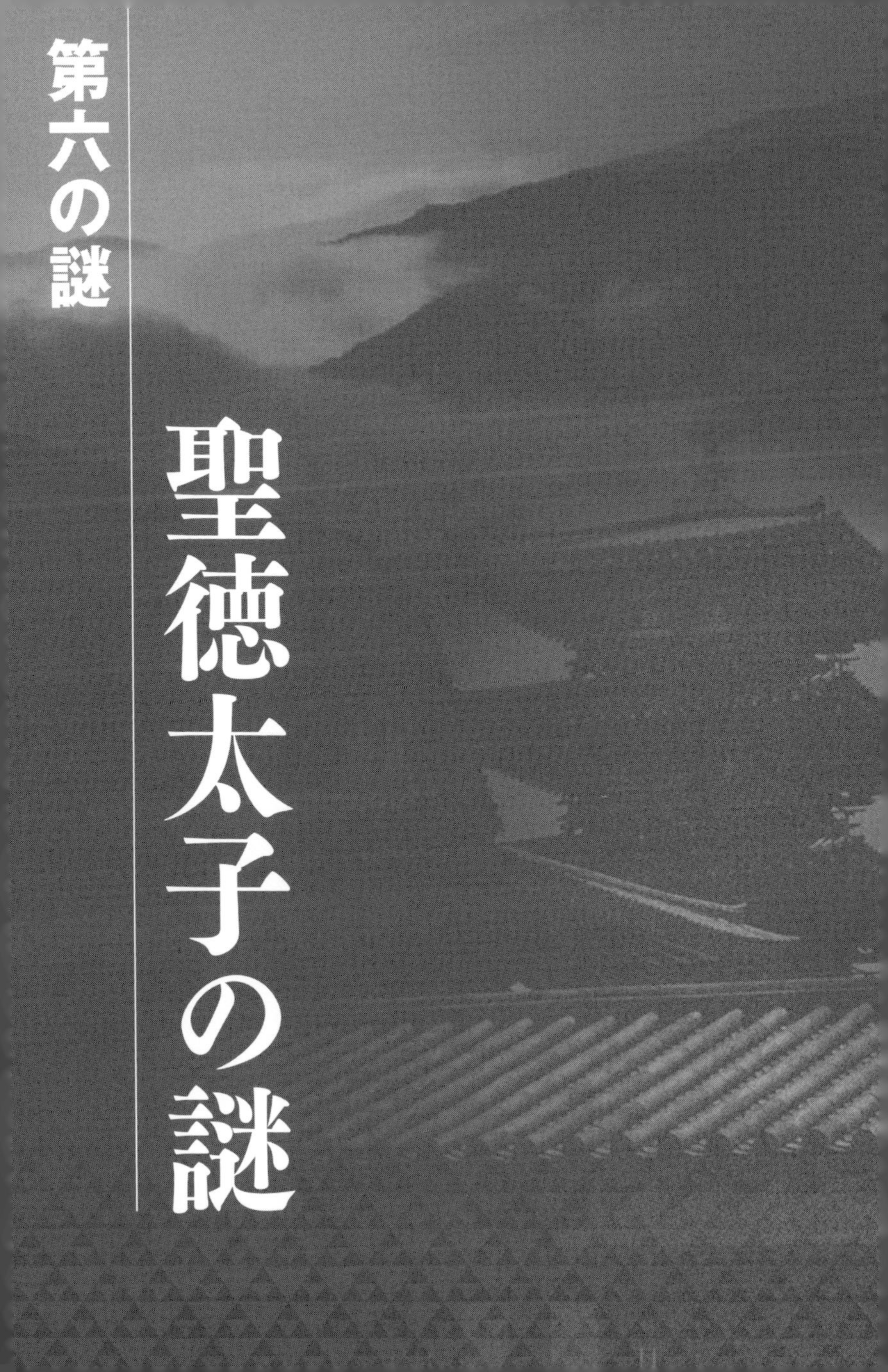

第六の謎

聖徳太子の謎

なぜ聖徳太子は偉いのか

聖徳太子といえば、古代史最大の英傑という印象がある。

では、聖徳太子の何が偉いのかと聞かれれば、意外に答えに窮するのではあるまいか。

少し歴史の成績が良かった人なら、「憲法十七条」や「冠位十二階《かんいじゅうにかい》」の制定、そして「遣隋使《けんずいし》の派遣《はけん》」という、それこそ教科書通りの答えをもどしてくるに違いない。

だが、近年、これら聖徳太子の業績は、どこまで真実だったのか、じつに怪しい、といわれるようになってきた。たとえば、憲法十七条にしても、のちの時代の言葉が混じっていたりしていて、聖徳太子が書いたのではなく、『日本書紀』の編者や後世の人びとの作り話ではないかというのである。

いや、それほど学問的に考えなくとも、ただ『日本書紀』の説話を読むだけで、聖徳太子の怪しさがわかる。

そこで、聖徳太子について『日本書紀』がどのように描いているのか、少しその様子を見ておこう。

聖徳太子は蘇我系天皇の用明《ようめい》と蘇我系の穴穂部間人皇女《あなほべはしひとのひめみこ》の間に生まれた。明らかに蘇我氏とかかわりの深い人物である。

聖徳太子は、生まれたときからちょっと変だった。生後間もなく言葉を発し、聖《ひじり》の智《ち》があったといい、成長すると十人の訴えを聞き分けたといい、さらに、予知能力があったという。いわゆる神童であり、すでに聖の片鱗《へんりん》が見え隠れしていた、ということだろう。

聖徳太子は成人したのちも、不思議な力を発揮した。たとえば推古《すいこ》二十一年（六一三）十二月、片岡《かたおか》（現在の香芝市《かしばし》）に遊行したが、この時行き倒れになった男と出くわした。すると聖徳太子は服と食べ物を与えたという。翌日様子を見に行かせると、すでに男は死んでいたといい、太子は哀れんで墓を造り埋葬したという。その上で太子は、

「あの男はただの人ではない。真人《まひと》（道教の奥義《おうぎ》を悟った人）に違いない」

と言って、もう一度様子を見に行かせると、屍《しかばね》はなくなっていて、太子のあげた服が棺の上にたたんで置かれていたという。

人びとは驚き、

「聖が聖を知るというのは本当のことなのだなあ」

と感心しきりだったという。

聖徳太子は、死んだときも普通ではなかった。

推古二十九年（六二一）春二月、斑鳩宮《いかるがのみや》で聖徳太子は前触れもなく急死する。諸王・諸臣および天下の農民たちは、悲嘆に暮れた。老人は愛しい子を失ったように酢をなめず、幼い者は慈しむ父母を亡くしたように泣き、その声は巷にあふれた。耕す者は手を休め、稲つく女は杵を止めた。

「太陽や月は輝きを失い、天と地が崩れたようになってしまった。これから先、誰を頼りにすればよいのだろう」

と話し合ったという。

聖徳太子は皇太子だったが即位したわけではない。歴代の天皇でも、ここまで「神扱い」された人物は他に例がなく、その理由がよく分からない。

聖徳太子を鬼扱いした『日本書紀』

聖徳太子が謎めくのは、ただたんに『日本書紀』が特別視しているからではない。『日本書紀』は太子を聖者扱いする一方で、鬼扱いしているから問題なのだ。

「そんな話、聞いたことがない!!」

とおっしゃるに違いない。けれども、『日本書紀』に登場する聖徳太子は、どこからどう見ても、鬼にほかならない。

その場面を『日本書紀』から抜粋してみよう。

それは用明二年（五八七）七月のことで、しかも、誰もが知っている、蘇我馬子《そがのうまこ》と物部守屋《もののべのもりや》の仏教導入をめぐる争いの場面である。

朝廷の軍勢をかき集めた蘇我馬子は、物部守屋の館を囲んだ。これに対して物部守屋は館の回りに稲城《いなき》を積み上げ、激しく抵抗したという。蘇我馬子の軍勢はみたび攻め寄せたが、そのたびにはね返された。

十三歳で蘇我馬子の軍勢に従軍していた聖徳太子は、戦況の不利を憂え、霊木《れいぼく》（白《ぬ》膠木《りで》）を伐り、四天王像《してんのうぞう》を彫り、髪をたぐりあげ、誓いを立てた。

「もし我をして敵に勝たしめたまわば、かならず護世四王《ごせしおう》のために寺を興しましょう」

すると物部守屋の軍勢は、自ら崩れていったという。

なぜ聖徳太子の神通力《じんつうりき》が通じたのだろう。それは、聖徳太子が超能力を持っていたからなのか……。そうではなく、ここで聖徳太子は、「鬼」として描かれているのである。

なぜ聖徳太子が鬼なのかというと、まず第一に、聖徳太子が子供であったこと、『日本書紀』はその事実を強調するために、わざわざこの時の聖徳太子の髪型に言及している。それは「束髪於額《ひさごはな》」だったというのだ。これは、少年の髪型であり、なぜ「子供」であることに意味があるのかといえば、この説話全体が、「鬼退治伝説」にほかならないからである。

まず、物部守屋は館の回りに稲城を築いたとあり、稲を積み上げただけで敵をはね返すことができたのは、これが呪術だったからで、この場合、物部守屋は「鬼退治される鬼そのもの」なのである。なんとなれば、太古「鬼」は「モノ」と読まれていたが、物部氏の「物」は、まさに「鬼」の「モノ」なのである。

そうであるならば、鬼退治は普通、いたいけな子供が行なわなければならない。桃《もも》太郎《たろう》も一寸法師《いっすんぼうし》も、みな、童子《どうじ》の鬼退治だからだ。その注文通り、聖徳太子はしっかり「童子」の髪型で物語に登場していた。

つまり、大人が束《たば》になってかかっても打ち破ることのできなかった鬼(物部守屋)を、童子(聖徳太子)が退治してしまったというのが、物語の主題ということになる。

鬼退治の主役がなぜ童子でなければならないのかというと、童子は鬼と対等の力を

発揮する者という観念があったからである。

その理由も簡単だ。

すでに触れたように、太古、恵みをもたらす「神」と祟りをもたらす「鬼」は、表裏一体であった。そして、人間の中で、生まれて間もない生命力に満ちあふれた童子は、荒々しい性格を帯びた「鬼」と対等の力を有するとみなされたのである。だから、童子は鬼と同等であり、鬼そのものでもあったわけである。

そうなってくると、童子であることを強調された聖徳太子は、「鬼」の素質を持っていたことが分かる。

これは不思議なことなのだが、聖徳太子は、多くの寺々で、「孝養像《きょうようぞう》」と称し、「童子」の姿で祀られることが多いし、法隆寺《ほうりゅうじ》などでは、聖徳太子のみならず、その他の仏像も、童形が多い。これは謎とされているのだが、聖徳太子そのものが鬼なのだから、聖徳太子を祀る寺に鬼が集うのは、むしろ当然のことなのである。

法隆寺の七不思議は不思議な話？

聖徳太子の謎は、朝廷の不思議な行動からも読み取れる。

たとえば、京都の太秦《うずまさ》にある広隆寺《こうりゅうじ》は、聖徳太子に寵愛《ちょうあい》された秦河勝《はたのかわかつ》の建立した寺として知られているが、この寺には国宝第一号の半跏思惟像《はんかしいぞう》があるため、陰にかくれて、本尊が聖徳太子三十三歳像であることは、あまり知られていない。

この本尊、平安時代から奇妙な扱いを受けている。というのも、天皇の即位の儀式に用いた服を、儀式の後に天皇から贈られつづけているのである。現在でもこの風習は守られている。

皇太子のまま亡くなられた聖徳太子に即位の服を着せるのはなぜだろう。今生《こんじょう》では果たせなかった夢を叶えさせてあげるということなのか。死の世界では即位できるように願っているのだろうか。まるで、天皇家が聖徳太子に怯えているかのようではないか。

これはいったい何を意味しているのだろう。聖徳太子が鬼とみなされていたことと、何かかかわりがあるのだろうか。

聖徳太子が「聖者」で「神に近い存在」だったことから、「神＝鬼」という古い発想に則って、「聖徳太子＝鬼（神）」という発想が芽生えたのだろうか。どうやらそうではないらしい。ここには、一種の「蔑視《べっし》」の意味合いが込められていたように思えてならない。なぜなら、聖徳太子のみならず、聖徳太子の母も鬼呼ばわりされているからである。

それは『上宮聖徳法王帝説《じょうぐうしょうとくほうおうていせつ》』の引用する法隆寺金堂・釈迦三尊像《しゃかさんぞんぞう》の光背銘《こうはいめい》で、そこには、聖徳太子の母の名を「鬼前大后《かむさきのおおきさき》」といい表している。

この「鬼前」が問題で、聖徳太子の母の名は穴穂部間人皇女なのに、なぜ、「鬼前」の名が使われているのだろう。この名の由来を『法王帝説』は、次のように説明している。すなわち、「鬼前」とは本来「神前《かむさき》」のことをさしているという。穴穂部間人皇女が弟の崇峻《すしゅん》天皇の宮・神《かむ》前宮《さきのみや》にいたからこう呼ばれていたのでないか、とするわけである。

聖徳太子像（奈良県桜井市・平等寺）

なるほど、宮の名が皇女の「あだ名」

になったとしても、それではなぜ、「神前」にすればいいものを、意訳して「鬼前」にする必要があったというのだろう。これは、聖徳太子の母が鬼であったことを「誇張」しているのであって、それはなぜかといえば、聖徳太子が「鬼の子」であることを暴露したいがゆえであろう。

どうにもややこしくなってきた。なぜ『日本書紀』のみならず、『法王帝説』までもが、「聖徳太子は鬼だった」といいだしたのだろう。

聖徳太子が建立したという法隆寺にも多くの謎が隠されている。たとえば、法隆寺は世界最古の木造建築として世界遺産に登録されてしまったが、本当にこの伽藍《がらん》が世界最古かというと、じつに心許ない。『日本書紀』は創建法隆寺は全焼して跡形もなく消えてしまったと記録する一方、法隆寺の正式見解では、法隆寺は創建以来、一度たりとも燃えていない、というのである。

朝廷と法隆寺双方の正式見解にはっきりとした矛盾が見られるのは、大きな謎である。

発掘調査によれば、現存法隆寺の西院伽藍《さいいんがらん》のやや東南の位置に、創建法隆寺の伽藍跡が見つかっている。そうなると、世界最古の木造建築の勲章は、現存法隆寺にふさわしくないのではあるまいか。

それにしても、なぜ法隆寺は、創建法隆寺が別に存在したことを、認めたくないのだろう。

法隆寺にはまだまだ多くの謎が隠されている。有名なところでは、古くから七不思議と呼ばれる伝説があった。

（1）法隆寺では蜘蛛《くも》が巣をつくらない
（2）南大門の前に大きな鯛石《たいいし》がある
（3）五重塔の上に鎌がささっている
（4）不思議な伏蔵がある
（5）法隆寺の池に住む蛙は片目
（6）東院《とういん》伽藍《がらん》夢殿《ゆめどの》の礼盤《らいはん》（お坊さんが座る台座）の裏に汗をかいている
（7）雨だれがあっても地面に穴があかない

といったものだ。

どれもこれも不気味なものだが、哲学者の梅原猛《うめはらたけし》氏は、法隆寺にはもっとほかに、不可解なことがあるとして、独自の七不思議を掲げている。

たとえば、中門《ちゅうもん》の真ん中に通せんぼうをするかのように邪魔な柱があること、金堂の本尊が三体あること、なぜ精霊会《しょうりょうえ》という祭りで、聖徳太子は七歳像となっているのかなどがあげられている。

そして梅原猛氏は、東院伽藍の聖徳太子等身像とされる夢殿救世観音《ぐぜかんのん》の後頭部に直接光背《こうはい》が打ち込まれていることを「異常だ」と指摘している。日本人の心情からして、犯罪行為に近いというのだ。

たしかにそのとおりで、救世観音は明治時代に至るまで、五百ヤード（一ヤードは約九一・四センチ）の白布でぐるぐる巻きにされ、「秘仏《ひぶつ》」として厨子《ずし》の中に閉じこめられていたのである。

人が拝むために造られたであろう仏像を、なぜ厨子に隠してしまったのだろう。しかも法隆寺では、厨子を開けば天変地異が起きるという鍵（まじない）をかけて聖徳太子を封印してしまったのである。

ここに、何かしらの秘密が隠されているのではないかと疑うのは、当然である。

入鹿暗殺の最大の大義名分となった山背滅亡事件

先述の梅原猛氏は、法隆寺は聖徳太子の怨霊《おんりょう》を封じ込めるための寺だと指摘している。

聖者として『日本書紀』に描かれた聖徳太子が、なぜ恐ろしい怨霊なのだろう。

その理由を知るためには、まず聖徳太子の子・山背大兄王《やましろのおおえのみこ》一族（上宮王家《じょうぐうおうけ》）と蘇《そ》我本宗家《がほんそうけ》（蝦夷《えみし》や入鹿《いるか》）の確執と対決の一部始終を知っておく必要がある。というのも、梅原氏が特に問題視するのは、山背大兄王の一族が蘇我入鹿に滅ぼされた事件であり、このとき直接の引き金を引いたのは蘇我入鹿であろうとも、黒幕に中臣《なかとみの》（藤《ふじ》原《わら》）鎌足《かまたり》がいたのではないかと推理したからだ。

つまり、山背大兄王の父の聖徳太子を、藤原一族は恐れていたというのだ。

そこでこのあたりの事情を、もう少し詳しく見ていこう。

きっかけは推古天皇の崩御《ほうぎょ》だった。後継者を指名しないまま、女帝は亡くなり、山背大兄王と田村皇子《たむらのみこ》（のちの舒明天皇《じょめい》）が、皇位継承問題で激突したのである。

皇族同士がいがみ合ったわけではない。抗争の担い手はそれぞれの皇族を後押しする蘇我氏内部の分裂だった。具体的にいうと、田村皇子を推す蘇我本宗家（蘇我蝦夷と入鹿）と山背大兄王を推す境部摩理勢《さかいべのまりせ》（蝦夷の叔父）の対立という形だった。

結局境部摩理勢の側が攻め滅ぼされ、田村皇子が即位し、舒明天皇が誕生した。さらに、舒明天皇の崩御後、舒明の皇后だった宝皇女《たからのひめみこ》が皇位を継承し、皇極天皇となった。この時点でも山背大兄王は皇位に執着していたが、皇極《こうぎょく》二年十一月、蘇我入鹿はもう一人の蘇我系皇族・古人大兄皇子《ふるひとのおおえのみこ》の擁立《ようりつ》を目論み、邪魔になった山背大兄王を消し去るべく、斑鳩《いかるが》に兵を差し向け、山背大兄王の一族を襲わせた。

山背大兄王はいったんは難を逃れて生駒山《いこまやま》に退いた。ここで、

「兵を挙げ、東国に援軍を求めれば、勝機があります」

という進言に、

「自分一人のために多くの人たちに迷惑をかけることはできない」

と言い放ち、ふたたび斑鳩に戻ると、一族滅亡の道を選んだのだった。

山背大兄王一族の滅亡の時、斑鳩の上空には、五色の幡蓋《はたきぬがさ》（幡と蓋。蓋は貴人にさしかける絹で織った傘のこと）がたなびき、伎楽《ぎがく》（天女《てんにょ》の仕業《しわざ》ということだろう）が舞われ、斑鳩寺は光り輝いたという。

人びとは仰ぎ見て嘆き、指し示して蘇我入鹿に見せようとしたが、入鹿が見やると、

山背大兄王とかかわりがあるとされる法輪寺(斑鳩町)

幡蓋は黒い雲に変じてしまったという。

　蘇我入鹿が乙巳《いっし》の変で中大兄皇子《なかのおおえのみこ》や中臣鎌足らの手で殺されるとき、最大の大義名分は、この事件の非道であり、入鹿の親の蝦夷でさえ、入鹿の暴走を嘆いたというのである。

　一つひっかかってくるのは、山背大兄王の態度だ。というのも、山背大兄王は、推古天皇の死後、

「私は蘇我から出たのだから、皇位にもっとも近いはずだ」

と、蘇我氏に泣きついている。その挙げ句に蘇我氏の内紛によって死者も出た。それでも懲《こ》りずに皇位に固執《こしつ》したのが山背大兄王であり、「自分一

人のために、多くの人たちに迷惑は……」と語っていたのが同一人物とは思えない。

さらに山背大兄王は、罪もない子供たちをも巻き込んで、自滅の道を選んでいる。

この当時、通い婚が普通で、一族は別々に暮らしていたであろうに、わざわざ斑鳩に集めて、そこで自害を強要したという話も、現実味がない。

また、山背大兄王一族滅亡時の『日本書紀』の記述も、あまりに華美になりすぎていて、信用できない。

史学界の大御所は、山背大兄王が一族滅亡の道を選んだことに関して、「さすがに聖者のやることは、凡人には真似できない」と称賛するが、罪もない一族を全員巻き込んで死を強要することが、果たして聖者の行動だろうか。

山背大兄王一族滅亡事件の黒幕は中臣鎌足だった？

蘇我入鹿暗殺の最大の大義名分となった山背大兄王一族滅亡事件。

だが、事件の経過を見るにつけ、いくつもの疑念が湧いてくる。

『日本書紀』の記述を信じるならば、山背大兄王は、境部摩理勢という強力な後ろ盾をすでに失っていた。しかも、舒明、皇極と、すでに二人の天皇が誕生していたわけで、後継者争いに加わっていたかどうか、じつに心許ない。だいたい、蘇我本宗家が専横をくり広げていたというのなら、山背大兄王が目障りとはいっても、蘇我がＯＫを出さなければ、即位できなかったということであり、一族を滅亡に追いつめる必要はどこにもなかったはずだ。

また、入鹿の兵が斑鳩を囲んだとき、山背大兄王の一族は馬の骨を寝殿に置いて逃げたといい、焼け落ちた館に骨の灰をみつけた入鹿の兵は、一族が滅亡したことを確信し、兵を引いたという。山背大兄王がふたたび斑鳩に戻って来れたのは、入鹿を騙したからなのだが、この設定、小説にしたら、

「現実味がない」

と、編集者に手直しを受けるに決まっている。

それにもかかわらず、「山背大兄王の悲劇」は、「本当に起きていたのだろうか」と、疑われることはなかったのである。

梅原猛氏は、この事件そのものは現実に起きていたと考えるが、事件には黒幕がいたと推理している。それが、中臣鎌足である。

梅原氏は、聖徳太子や山背大兄王は「蘇我系皇族」であること、中臣鎌足は、「蘇我」

を衰弱させるために、「蘇我の内紛」を利用したのだという。蘇我系皇族や蘇我系豪族が互いに競い合う中で、彼らをあおり、操り、つぶし合いをさせることで、中臣（藤原）氏が漁夫《ぎょふ》の利《り》を得ようという魂胆だったというのである。

そして、山背大兄王を追いつめるようにと、蘇我入鹿をそそのかしたのが、中臣鎌足だったことになる。

「証拠はある」

と梅原氏はいう。

それは、八世紀に権力の頂点に登りつめていた藤原氏の不審な態度だ。

一族がピンチに陥ると、かならず法隆寺を丁重に祀っていたのである。これはなぜかというと、山背大兄王を追いつめたのは、表面上は蘇我入鹿だが、黒幕は中臣鎌足だったのであって、藤原一族は、聖者一族を滅亡に追い込んでしまったことで、怨霊に怯《おび》えるようになったというのである（『隠された十字架』新潮社）。

これが、一世を風靡《ふうび》した梅原猛氏の「法隆寺怨霊封じ込め説」だが、欠点がいくつもある。

まず第一に、山背大兄王一族を追い込んだ黒幕が中臣鎌足としても、なぜ八世紀の藤原氏は、山背大兄王本人の怨霊を恐れず、父親の聖徳太子を恐れたというのか、こ

こがどうにもすっきりしない。直接殺した相手ではなく、その父親を恐れたというのは、あまり常識的ではない。

だいたい、山背大兄王一族が斑鳩で悲劇的な最期を遂げたのなら、彼らの墓が近辺に残るはずだ。ところが、聖徳太子の末裔の陵墓《りょうぼ》は、どこを探しても見つからない。なぜ藤原氏は、直接手を下した人びとを祀ろうとしなかったのだろう。

なぜ八世紀の朝廷が七世紀の聖者を恐れたのか

もう一つ謎がある。それは、梅原氏の述べるとおり、藤原氏は異常ともいえる形で法隆寺を大切にしているが、山背大兄王一族が滅亡して、百年近い年月がたっていたから不可解なのだ。

仮に梅原氏が述べるように、藤原氏が「何かしらの祟り」に怯えていたとしてもそれが聖徳太子の怨霊に怯えたのかというと、じつに怪しい。というのも、この頃、藤原氏は聖徳太子とはかかわりのない人物の祟りに怯えていた気配があるからだ。それが、天武《てんむ》天皇の孫・長屋王《ながやおう》である。

長屋王の滅亡事件は聖徳太子とはまったく関係ないようにみえるが、聖徳太子はもちろん、この時代の謎のすべてを解き明かす重要な事件だから、そのカラクリを概観しておこう。

さて、長屋王は、藤原氏全盛時代に、反藤原派の皇族として孤立し、藤原氏に包囲され、悲劇的な最期を迎えた皇族である。

藤原氏繁栄の基礎を築いた藤原不比等《ふじわらのふひと》の死が養老《ようろう》四年（七二〇）。この時長屋王は不比等の次の地位にいたから、不比等の死によって、自動的に朝堂のトップに立たされた。

不比等の四人の子供たちは、この状態に危機感を抱き、次から次と手を打っていく。まず、内臣《うちつおみ》という令外《りょうげ》の官《かん》を設け、天皇から、「天皇と等しい力を与える」というお墨付きを獲得した。これは、律令《りつりょう》という「法律」の枠に縛られず、好き勝手をすればいいということであって、藤原氏にとって、打出《うちで》の小槌《こづち》だ。いくら長屋王が朝堂のトップに立とうとも、法の束縛を受けず、思いのままだからである。

だが、長屋王は、藤原の手段を選ばない手口に徹底的に抵抗した。だからこそ、藤原は長屋王を生かしておくことができなくなったということになる。

神亀《じんき》四年（七二七）九月に、聖武天皇と光明子《こうみょうし》の間に、待望の男子（基皇子《もといのみこ》）が

壮絶な政争がくり広げられた平城京跡

誕生する。聖武は「藤原の血を引いたはじめての帝」で、さらに光明子は藤原不比等の娘なのだから、藤原にとっても待望の皇子である。

藤原は、異例の速さでこの皇子を皇太子に決めてしまうが、生後一年をたたずに夭逝《ようせい》してしまう。

この皇子の死が、長屋王の死期を早めた。長屋王自身が、有力な皇位継承候補の位置に立ってしまったからである。

天平《てんぴょう》元年（七二九）二月十日、長屋王が「密かに左道《さどう》を学び、国家転覆を企てている」という密告が、朝廷に寄せられ長屋王の館は朝廷の軍勢に囲まれた。ここにある「左道」とは、「よ

くないこと」ぐらいの意味だ。だが、あいまいな言葉だからこそ、藤原の誰かが、
「皇子の死は長屋王の呪詛《じゅそ》かもしれません」
と聖武をそそのかせば、
「なるほど、そういうことか」
と、聖武天皇自身、長屋王を追いつめることに、むしろ積極的になったのではなかったか。

こうして翌日、長屋王の一族は、自決して果ててしまった。

長屋王の謀反《むほん》を密告した人物が、のちに「あれはウソだった」とついぽろっと漏らして、長屋王に親しかった人物に斬り殺されるという事件が起きているから、事件は完璧にでっち上げであった。このことは、『続日本紀《しょくにほんぎ》』が認めている。

こうして藤原四兄弟は、邪魔者を抹殺し、この世の春を謳歌《おうか》していた。ところが、ここで藤原一族を悪夢が襲う。

長屋王の死から八年後の天平九年（七三七）、天然痘《てんねんとう》が奈良の都で流行し、四月から八月にかけて、藤原四兄弟が次々に病魔に倒れていったのだ。ここに盤石《ばんじゃく》な体制を敷いていた藤原四兄弟は、一気に滅亡した。

崇って出ていた長屋王

このとき当然、長屋王の祟りがささやかれたに違いないが、正史『続日本紀』は、まったく無視している。ただ唯一、「それらしい記事」が残されている。

長屋王の滅亡の翌年の六月二十九日の条には、落雷があって平城京《へいじょうきょう》の神祇官《じんぎかん》の役所に火災が発生したとあり、人や家畜がばたばたと死んだという。

思い当たる節があったからだろう。翌月、諸国に使いを遣わし、各地の神社を祀らせたという。

平城京の役所に落雷があっただけで日本中の神社を祀らせたのは、藤原政権にやましい気持ちがあったからにほかならない。いや、「落雷ぐらいで」と書いたのは間違いで、古来「雷神《らいじん》」は祟る神の代名詞のように思われてきた。

落雷で怯えたぐらいだから、藤原四兄弟の死は、藤原一族に相当激しい衝撃を与えたはずだ。

一方で、その他の文書は、当然周辺の騒動を伝承として書き残している。

中世の仏教説話集『日本霊異記《にほんりょういき》』は、長屋王が祟って出たと、断言している。

それによれば、長屋王（『日本霊異記』には長屋親王とある）一族の遺骸は焼かれ、骨は川に流し、海に棄てられたという。ただし、長屋王の骨だけは土佐《とさ》（高知県）に流された。ところが土佐の百姓《おおみたから》に異変が起きた。多くの人びとがばたばたと死んでいったのだ。百姓たちはたまらず、

「親王の気によって、国中の百姓が死に絶えてしまいます」

と訴え出たので、聖武天皇は、長屋王の骨を、紀伊国《きのくに》の海部郡《あまぐん》の沖《おき》の島《しま》に移したというのである。

どう見ても、長屋王は祟って出たのである。それにもかかわらず、朝廷が長屋王を祀った気配がないのは不自然極まりない。

その一方で、不思議なことがある。四兄弟の死の翌年、法隆寺に突然食封《じきふ》（俸禄《ほうろく》＝サラリーのようなもの）が再開され、さらにその翌年、東院伽藍（夢殿）が建立されているのだ。

藤原氏が罪のない長屋王一族を陰謀によって滅亡に追いやり、長屋王が祟って出ていた（と誰もが信じた）のに、藤原氏は、なぜか法隆寺を祀りだしたということになる。これはいったい何だろう。

藤原氏は長屋王の祟りに恐れおののき、必死に神仏にすがりつき、一番重視したの

が法隆寺だったということになる。

ここに大きな謎が隠されているのだが、少なくとも、八世紀の藤原の法隆寺重視は、山背大兄王とは、関係が薄そうである。

その一方で、梅原猛氏が指摘したように、夢殿の救世観音の後頭部に直接光背が打ち込まれ、救世観音そのものが秘仏にされ封印されるなど、法隆寺に何かしらの秘密が隠されていることも事実だった。

としたら、この深い謎をどうやって解き明かせばいいのだろう。聖徳太子の謎は、こうして、やや長いスパンで古代史を見つめ直していく必要をわれわれに求めているのである。

そこで以下、蘇我入鹿や壬申《じんしん》の乱《らん》を見つめ直し、七世紀の謎に満ちた歴史の解読を続けていこう。

第七の謎

蘇我入鹿の謎

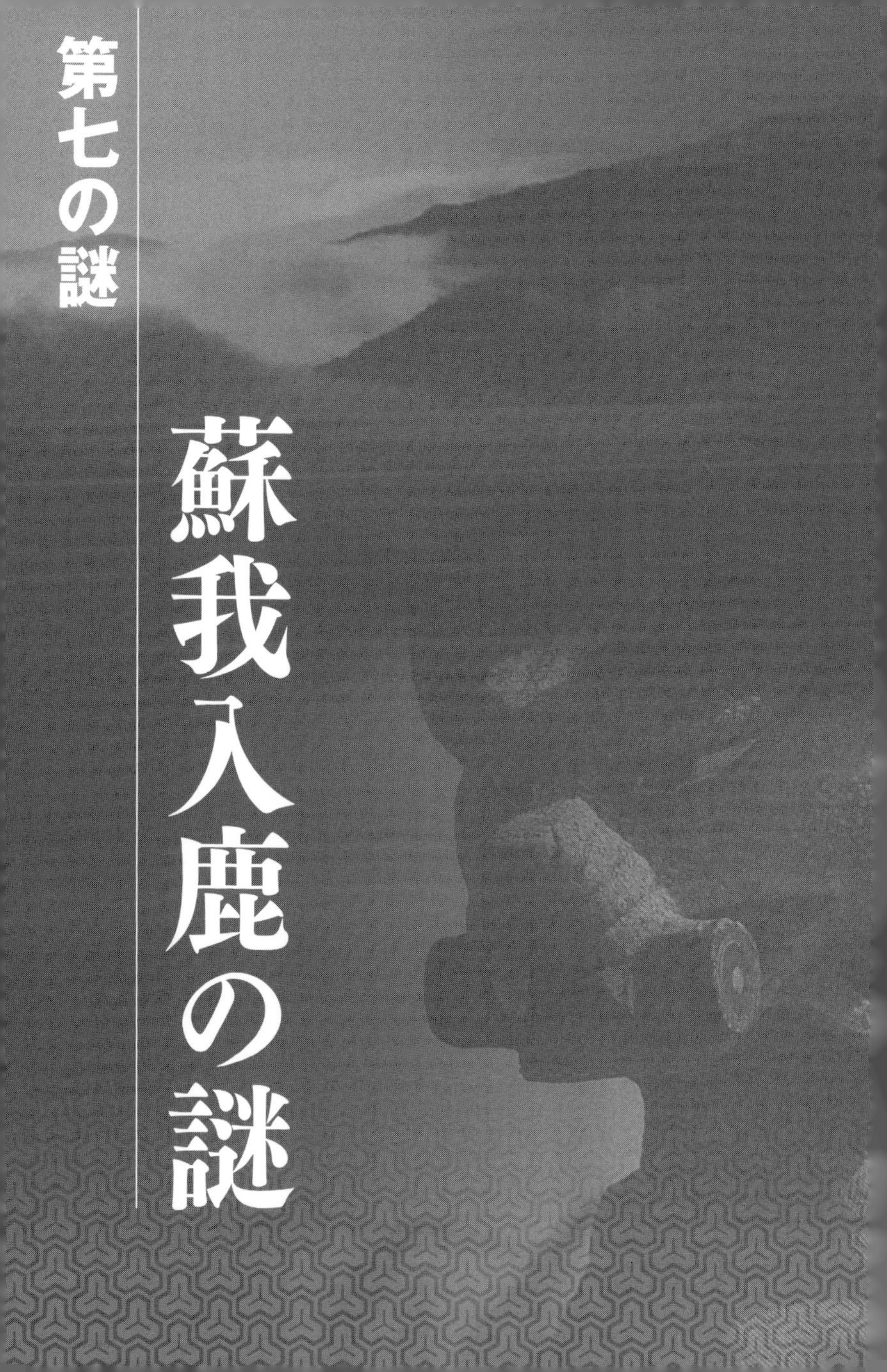

なぜ蘇我入鹿が悪人で中大兄皇子らが英雄なのか

蘇我入鹿《そがのいるか》といえば、史上まれにみる大悪人として名高い。では、なぜ「入鹿は悪人」という常識が誕生したのだろう。そして、蘇我入鹿を成敗してきた中大兄皇子《なかのおおえのみこ》や中臣《なか》臣《とみのかまたり》鎌足が、「正義の味方」とたたえられ、古代史最大の英雄と信じられてきたのはなぜだろう。

それはもちろん、正史『日本書紀《にほんしょき》』がそのように記録し、語り継がれてきたからである。蘇我入鹿は専横《せんおう》をくり広げ、天皇家をないがしろにした大悪人であり、しかも王家を乗っ取ろうとさえしたのだ。だから、中大兄皇子や中臣鎌足は、大悪人・蘇我入鹿を暗殺した、ということになる。

たとえば、『日本書紀』には、蘇我氏の専横について、次のような記録がある。皇《こう》極《ぎょく》元年（六四二）のこと。蘇我蝦夷《そがのえみし》は葛城《かづらき》の高宮《たかみや》に祖廟を建てて八佾《やつら》の舞を行なったという。ここにある「祖廟」は天子の特権であり、「八佾の舞」は方形群舞《ほうけいぐんぶ》のことで、中国では皇帝にのみ許された行為だった。

蘇我蝦夷は、歌を詠《うた》い、軍勢を押しだして天下を取ろうと意気盛んだったといい、また、蝦夷と入鹿の陵《みささぎ》を造営したが、このとき、上宮王家《じょうぐうおうけ》の乳部《みぶ》の民《たみ》（皇子の養育のために与えられた部民《べみん》）を勝手に使役し、これに怒った上宮大娘姫王《かみつみやのいらつめのみこ》（聖徳太子の娘とされている）は、次のように蘇我を糾弾している。

「蘇我は国政をほしいままにし、無礼をはたらいた。天に二つの太陽はないように、国に二人の王はいない。それなのに、なぜ勝手にわれわれの部民を使うのか」

このようにみてくれば、蘇我氏が悪であるのは疑いようがない。

だが、よくよく考えてみれば、『日本書紀』編纂《へんさん》の中心に立っていたのは藤原不比《ふじわらのふひ》等《と》であり、この人物は蘇我入鹿を「誅殺《ちゅうさつ》」した中臣鎌足の息子なのだから、父親の功績を称えるのは当たり前だし、藤原氏の勃興は、この入鹿殺しに端を発しているわけだから、「入鹿が悪人」であったことは、藤原氏の正当性を証明するために、どうしても「そうでなければならなかった」わけである。藤原氏の繁栄はこののち千年続いたのだから、もし仮に蘇我氏が正しかったとしても、彼らに弁明の機会は与えられなかったのである。

つまり、われわれは弁護人のいない暗黒裁判を千数百年間続けてきたようなもので、蘇我入鹿が本当に悪人であったのかどうか、ここで検証し直してみる必要がある。

たとえば、蘇我入鹿殺しの最大の大義名分《たいぎめいぶん》はなんだったかというと、『日本書紀』

は皇極四年（六四五）六月の乙巳《いっし》の変《へん》の事件の場面で、次のように説明している。

　中大兄皇子らに斬りつけられ、驚いた蘇我入鹿は、皇極天皇に詰め寄って説明を求めている。

「まさに、皇位にあらせられるべきは天子様です。いったい私になんの罪があるというのでしょう。どうか、お調べいただきたい」

　すると皇極天皇は狼狽し、息子の中大兄皇子に事態の説明を求めた。すると中大兄皇子は、次のように反論している。

「蘇我入鹿は王族を滅ぼして、天位を奪おうとしているのです。どうして天孫を入鹿に代えられましょうか」

　これを聞き、皇極は無言でその場を去っていったという。

　これを見る限り、蘇我入鹿殺しは、入鹿が山背大兄王《やましろのおおえのみこ》の一族を滅亡に追い込んでしまったところに原因があったようだ。

　だが、聖徳太子の謎の場面で語ってきたように、山背大兄王殺しにしても、『日本書紀』はこの事件を、大げさなタッチで描いている。その記述は現実味がなく、ここに釈然としないものを感じてしまうのである。

律令制度導入に積極的だったのは蘇我氏だった?

疑い出せばきりがないのだが、蘇我入鹿が殺されたとき、蘇我系の皇族古人大兄《ふるひとのおおえの》皇子《みこ》は自宅に駆け戻り、奇妙なことを言い出している。

「韓人《からひと》が鞍作臣《くらつくりのおみ》(蘇我入鹿)を殺した。胸が張り裂けそうだ!!」

ここにある「韓人」とは、ようするに朝鮮半島の人ということだろう。ところが、入鹿暗殺場面にそれらしき人物は見あたらない。そこで『日本書紀』の分注は、言い訳のつもりだろうか、「韓人」は「朝鮮半島の人」ではなく「韓政《からのまつりごと》」によって誅殺されたことを意味している、と加えている。つまり、朝鮮半島の人に殺されたのではなく、朝鮮半島をめぐる外交問題のこじれで殺された、といっているのである。

この古人大兄皇子の発言も、謎を残す。中大兄皇子は「入鹿殺しは天皇家を守るため」といっている。だが、その直後、『日本書紀』は「外交問題」に含みをもたせているのである。

本当なら単純で明確なはずの蘇我入鹿殺しの理由に関して、なぜ『日本書紀』の記述に「ぶれ」がみられるのだろう。

これまでの考え方は次のようなものであった。すなわち、五世紀から七世紀にかけて、中央集権化の歩みは、緩やかながら進みつつあった。とくに、七世紀初頭の聖徳太子の活躍は、律令制度の礎となった。そして、聖徳太子の悲願は、八世紀の大宝律令《たいほうりつりょう》の完成で実を結ぶのである。ただし、蘇我氏が途中、律令制度《りつりょうせいど》に横槍を入れ、邪魔をしたから、中大兄皇子や中臣鎌足は、これを排除した、ということになる。

ちなみに、律令制度とは何かというと、中国の隋《ずい》や唐《とう》で作られた明文法《めいぶんほう》（「律」が刑法、「令」が行政法）なのだが、一方で、土地改革をも意味していた。

全国の土地をいったん国家のものとして、戸籍《こせき》を造り、頭数に応じて土地を公平に分担しようとするもので、それまでの豪族層の土地と人民の私有を禁止するものだった。

豪族たちは土地を差し出す見返りに、それまでの勢力や能力に応じて、朝廷から役職や給料をもらえることになっていた。そうはいっても、世襲《せしゅう》してきた既得権《きとくけん》を手放すことに、抵抗があったことは間違いなく、その急先鋒が蘇我氏だったということになる。

ところが近年、『日本書紀』の描いた「天皇家をないがしろにした蘇我氏」「蘇我氏を消して、ようやく行政改革（大化改新《たいかのかいしん》）が成し遂げられた」という図式は、じつはウソなのではないかとする考えが登場している。というのも、六世紀以来の中央集権化の旗振り役は、じつは蘇我氏だった疑いが出てきているからである。

たとえば、律令制の前段階が六世紀の屯倉《みやけ》制なのだが、この制度の導入に積極的だったのは蘇我氏だったというのである。

屯倉とは、天皇家の直轄領《ちょっかつりょう》のことで、いろいろと理由をつけて、豪族から土地を取りあげ、天皇家の土地にしていたのは、蘇我氏だったのである。

そうなってくると、蘇我氏が律令制度導入の邪魔になったとするこれまでの通説は、まったく通用しなくなってしまうのである。ならば、『日本書紀』の示した「蘇我＝悪」、そして、「蘇我がいなくなったから、大化改新という行政改革が成功した」という図式、どう捉え直せばいいのだろう。

地元では人気があった蘇我入鹿

蘇我入鹿に関しては、まだまだ興味深い事実がいっぱいある。

たとえば、七世紀の蘇我氏の地盤となったのは飛鳥《あすか》だが、飛鳥から見て西の地域に

入鹿神社は小綱の大日堂の境内にある

も、蘇我氏の根城《ねじろ》があった。それが現在の「曽我《そが》」の集落のあたりで、つい最近（といっても戦前なのだが）まで、このあたりの人たちは、近くの百済《くだら》の集落とは仲が悪かったという。百済は多武峰《とうのみね》とつながりのある土地で、その多武峰に祀られているのが、中臣鎌足である。

曽我の人たちは、だから多武峰に参拝することもないし、これらの地域の人と婚姻関係を結ぶことはなかったという。

つまり、蘇我入鹿が中臣鎌足に殺されたことを、「曽我」の集落の人びとは千年以上にもわたって、根に持っていたわけである。

蘇我入鹿は、意外にも地元では、人気が高かったようなのだ。曽我のもう少し東の小綱町《しょうこちょう》には入鹿神社があって、この近辺には、奇妙な石標が、それこそ雨後の竹の子のようにあちこちに建てられている。そこには「蘇我入鹿公御旧跡《こうごきゅうせき》」と刻まれている。「公」の字といい、「御」の字といい、蘇我入鹿に対する畏敬《いけい》の念がひしひしと伝わってくる。少なくとも、「蘇我入鹿は大悪人」という一般のイメージからはかけはなれた接し方であることに違いはない。

「蘇我入鹿公御旧跡」の文字を刻む石標

この石標は戦争中、お上の命令で、一度取っ払ったのだという。おそらく、天皇家をないがしろにした蘇我入鹿に対し、「公」やら「御」の文字を使った石標が堂々と道ばたに屹立しているのは、さすがに憚られる、ということだったのだろう。

だが、戦後、いつの間にか、石標は元のとおりに直された。

この執念は、見事の一言に尽きる。蘇

我入鹿に対する、この土地の特別な愛着を感じずにはいられないのである。

日本中で、「蘇我は大悪人」と信じ込まれていたのに、なぜこの土地の人たちは、つい最近まで、中臣鎌足に蘇我入鹿が殺されたことを、恨み続けてきたのだろう。

それは、蘇我入鹿が罪なくして殺され、しかも、悪人でもないのに悪人呼ばわりされたからではなかったか。そうでなければ、千年以上もの間、執念を持ち続けるという事自体、信じられない事態なのである。

では、蘇我入鹿暗殺の真相をつかむことはできるのだろうか。

ここで話は、「空飛ぶ蘇我入鹿」に飛ぶ。

斉明天皇につきまとう不気味な鬼

蘇我入鹿が殺されてから十年後のことだ。蘇我入鹿暗殺ののち皇位を弟の孝徳《こうとく》天皇に譲り渡していた皇極は、孝徳の崩御《ほうぎょ》を受けて、ふたたび玉座に返り咲いた。斉明《さいめい》天皇の誕生である。

だが、この女人の後半生は、不気味な鬼につきまとわれる不運な日々であった。

斉明元年（六五五）の夏五月。『日本書紀』には次のような奇怪な記事が載る。それによれば、唐人《もろこしびと》に似た青い油笠《あぶらがさ》をかぶった異形の者が、竜に乗って葛城山から生《い》駒山《こまやま》に飛び、さらに昼頃、西に飛んで住吉の松嶺の上からふたたび西に向かって飛んでいったという。

笠をかぶって顔を隠すのは、鬼の習性なのである。なぜ正史に、化けものもどきが出現したというのだろう。

斉明天皇は、不可解な者たちからつけねらわれていたようなところがある。斉明七年（六六一）五月には、百済救援のために斉明自ら北部九州に赴き、朝倉橘広《あさくらのたちばなのひろ》庭宮《にわのみや》（福岡県朝倉市）に逗留《とうりゅう》した。ここで、宮に落雷があり、鬼火《おにび》が現れたという。そして、近習の者たちが、ばたばたと死んでいったというのである。

それだけではない。この直後、斉明天皇は崩御されるのだが、その葬儀を、朝倉山の上から大笠をかぶった「鬼」が、じっと見ていたといい、人びとはみな怪しんだというのである。

なぜ斉明天皇の身辺で不思議なことが起きたのだろう。つきまとう「笠をかぶった人」は、何者なのだろう。

なぜ斉明天皇の身辺で不思議なことが起きたのだろう。つきまとう「笠をかぶった人」は、何者なのだろう。

平安時代末期に成立した『扶桑略記《ふそうりゃっき》』には、住吉に向かって飛んでいった異形の者を指して、「時の人びとは蘇我《そが》豊浦大臣《とゆらのおおおみ》だと話していた」と記録している。さらに、九州で斉明天皇の身辺の人間が次々に死んでいったのを、「豊浦大臣の霊魂《れいこん》の仕業だ」としている。

『日本書紀』によれば、豊浦大臣とは蘇我蝦夷で、一方『先代旧事本紀《せんだいくじほんぎ》』には、「豊浦大臣は蘇我入鹿のこと」と記されている。

いずれにせよ乙巳の変で殺された蘇我本宗家《そがほんそうけ》のどちらかの片割れになるのだが、斉明天皇が蘇我入鹿の断末魔の声を聞いてしまっているのだから、どちらかというと蘇我入鹿がふさわしい。

とすると、蘇我入鹿が死後、恨んで斉明天皇の身辺に出没していたというのは、かなり有名な事件だったのだろうか。

そして、それよりも大きな問題なのが、蘇我入鹿が祟《たた》って出ていた可能性が高いことである。

『日本書紀』は、斉明天皇の周辺に落雷があり、鬼火が出たといい、身辺でばたばた

朝廷が蘇我入鹿の恨みを買うようなことをしていたから、朝廷に変事が起きると、何でもかんでも、

「これは蘇我入鹿の祟りではあるまいか」

と怯えるようになっていたということではあるまいか。

そしてこのことは、当時、誰もがよく知る事実であったのに、『日本書紀』があえて蘇我入鹿の名を伏せてしまったのだろう。蘇我入鹿が祟っていたことが後世に伝わっては都合の悪いことが、『日本書紀』にあったからにほかならない。つまり、『日本書紀』の記述とは裏腹に、蘇我入鹿には、殺される謂《い》われはなかったということである。

蘇我入鹿とそっくりな菅原道真

蘇我入鹿は、なぜ殺されたのだろう。

じつは、蘇我入鹿と瓜二つの生涯を送った人物が、一人いる。それが学問の神様として名高い菅原道真《すがわらのみちざね》である。

平田耿二《ひらたこうじ》氏は『消された政治家菅原道真』（文春新書）のなかで、次のような指摘を行なっている。すなわち、菅原道真は疲弊《ひへい》した社会制度を建て直し、革命的な改革事業を推し進めていた。ところが藤原時平《ふじわらのときひら》らの横槍を受け、手柄を横取りされた上に、大宰府《だざいふ》に左遷の憂き目に遭い一家は離散し、憤死《ふんし》するに至ったというのである。

つまりこういうことだ。菅原道真は切れ者で頭角を現した。そして大抜擢されてからは、独創的な改革事業を立案したが、優秀であるがゆえに権力者（具体的には藤原氏）に疎《うと》まれたのだった。そして、陰謀によって大宰府に追放され、左遷先で憤死したのである。

そして、ここから、菅原道真の復讐が始まる。

道真の死が延喜《えんぎ》三年（九〇三）のこと、その五年後の延喜八年（九〇八）、道真追い落としの首謀者《しゅぼうしゃ》の一人、藤原菅根《ふじわらのすがね》が死に、各地に干魃《かんばつ》の被害が広がった。翌年には疫病《えきびょう》が流行し、主犯格の藤原時平が死去。洪水や都に隕石《いんせき》が落ちるなど、不気味なことがいくつも起きた。次第に「道真の祟り」を、人びとが恐れだした。そして、延喜二十三年（九二三）三月、皇太子保明親王《やすあきしんのう》が死に、人びとは口々に、

「菅帥《かんそち》の霊魂宿忿《しゅくふん》のなす所《ところ》なりという」

と噂し合ったという。菅原道真のかねてからの怒り、恨みに違いない、というのだ。

菅原道真の墓を守る九州の太宰府天満宮

騒ぎはこれだけでは収まらなかった。延長《えんちょう》八年（九三〇）には、藤原にとって悪夢の瞬間がやってくる。清涼殿《せいりょうでん》の上空をにわかに黒雲が覆ったかと思うと、落雷で藤原清貫《ふじわらのきよつら》が即死。醍醐《だいご》天皇も病の床に伏し、間もなく崩御される。二人とも菅原道真の恨みを買っていた人たちであり、「ピンポイントの復讐劇」に、宮中は恐怖のどん底に叩きのめされたのである。

『大鏡《おおかがみ》』は、藤原時平の末裔がみな短命なのは、あさましい悪事をはたらいた罪があるからだと言い放ち、それは、菅原道真の祟りであるといっている。

平田耿二氏は、菅原道真の改革事業について、（1）税制の改革、（2）徴《ちょう》

税《ぜい》・監査《かんさ》制度の改革、(3)土地制度の改革だったといい、実施される直前に藤原時平の陰謀で左遷させられ、今日に至るまで、行政改革を行なったのは藤原時平だったと信じられたままだったという。この図式、そのまま蘇我入鹿に当てはまるのではあるまいか。

蘇我入鹿は鬼の格好をして斉明天皇の周囲にまとわりついた。その斉明天皇の身辺には落雷や疫病、人びとの急死という変事が続いた。これは蘇我入鹿の祟りであり、それはなぜかというと、

(1)蘇我入鹿は改革事業を断行しようとしていた
(2)それにもかかわらず、中大兄皇子や中臣鎌足らの手で殺され、邪魔だてされてしまった
(3)暗殺犯らが、手柄を横取りし、今日に至るまで、大化改新の立役者と称えられた

ということになる。

どこからどう見ても、「藤原に殺された蘇我入鹿」の姿は、「藤原にはめられた菅原道真」のそれにそっくりではないか。

山背大兄王は聖徳太子の子ではない？

そこでふたたび聖徳太子に話をもどすと、興味深い事実に気づかされる。

それは、聖徳太子と山背大兄王の関係のことだ。というのも、『上宮聖徳法王帝説《じょうぐうしょうとくほうおうていせつ》』には、次のような奇怪な記事が残されているのだ。

そこにはまず、聖徳太子の系譜が述べられ、さらに山背大兄王について、「賢く尊い気持ちの持ち主で、身命《しんめい》を賭《と》してまで、人びとを守ろうとした」といい、そういう偉大な人物なのだから、「後世の人間が聖徳太子と山背大兄王が親子ではないと噂するのは、良くないことだ」というのである。

ん？　何が言いたいのだ？　と一瞬、目を疑うような証言ではないか。じつに論理的に非論理的なことを言っている？

問題を整理しよう。

『上宮聖徳法王帝説』は、平安時代に記された文書で、法隆寺《ほうりゅうじ》やその他の寺院などに残された聖徳太子にまつわる金石文《きんせきぶん》や伝承を集めた文書だ。その中で、「後世の人びとは、聖徳太子と山背大兄王が親子ではないと考えている」と指摘している。

これはいったい何だろう。今日では常識となっている二人の親子関係が、なぜ疑われていたのだろう。

そしてそれ以上に問題なのが、それを否定するのに、『上宮聖徳法王帝説』は、二人の親子関係を証明するのではなく、「山背大兄王は立派な方だったのだから、それを誹謗するような噂話をすることは、不謹慎だ」と、たしなめているのである。

なんだろう、この釈然としない気持ちは。

これに追い打ちをかけるように、じつは、『日本書紀』は聖徳太子と山背大兄王が親子であったことなど、一言も触れていない、という事実がある。『日本書紀』は、あたかも両者が親子であるかのように物語を進めているが、二人の血縁関係を明確に述べているわけではない。

となると、『日本書紀』はとんでもないトリックを用意していたのではあるまいか。ひっかかったのはわれわれである。聖徳太子と山背大兄王は親子ではなかった。それにもかかわらず、親子であるように『日本書紀』は見せかけ、『上宮聖徳法王帝説』は、

「みんななぜ気づかないのだ」と、謎解きのヒントを、「不謹慎だ!!」の一言で、禅問答のように、問いかけていたのではあるまいか。

そこで気づくことは、たった一つの事実である。

それは、聖徳太子が聖者であればあるほど、蘇我入鹿が大悪人になっていくという図式であり、そのシーソーの支点になっているのが、山背大兄王である。

つまり、山背大兄王という人物が存在しないかぎり、蘇我入鹿悪人説は成り立たないのであり、さらに突っ込んで推理すれば、聖徳太子がいなければ、蘇我入鹿悪人説は成り立たないのである。ということは、山背大兄王という人物は、もともとこの世に存在していなかったのではあるまいか。そして、だからこそ、一族を引き連れて、入鹿がすでに兵を引いた斑鳩《いかるが》にもどり、一族もろとも滅亡せざるを得なかったのではあるまいか。きれいに消えて無くならなければ、ウソがばれるからである。

それでは、聖徳太子とは何者なのだろう。それは、蘇我氏の手柄をすべていったん格納するための偶像《ぐうぞう》であり、あるいは、蘇我入鹿や蘇我本宗家の「鏡」でしかなかったということになる。蘇我本宗家が改革事業に取り組み、その手柄を横取りするために、「蘇我系皇族の聖徳太子が改革を断行しようとしていたのに、蘇我本宗家が邪魔した」というストーリーを用意したということだろう。

大化改新政府が難波に遷都したことの意味

蘇我入鹿が改革事業を成し遂げようとしていたことは、その後の歴史を見ても明らかだ。

蘇我入鹿死後、クーデターを断行した中大兄皇子が即位できなかったのはなぜだろう。それは、蘇我入鹿暗殺が「政権転覆《てんぷく》」にいたる事件ではなく、「要人暗殺」で終わったということではなかったか。

憶測で述べているのではない。これにはちゃんとした裏付けがある。皇極天皇のあとを受けて即位した孝徳天皇が、難波遷都《なにわせんと》を急いだからである。

一般には、孝徳《こうとく》天皇は蘇我本宗家を倒した側の政権と考えられている。だが、クーデター政権が、まだ政局も定まらず、蘇我の残党がうろうろしていたであろう時期に、難波遷都を強行した意味が分からない。なぜなら、難波は奈良盆地から見下ろす場所に位置していたのであって、難波遷都後に奈良盆地で蘇我の残党がのろしを上げれば、容易ならざる事態に陥るのは火をみるよりも明らかなことだった。

数ある王朝交替説の中で、「河内《かわち》王朝」説は通説になったかのようなところがあるが、政権の奈良盆地から大阪方面への移動は、「新政権の誕生」ではなく、「政権の安定」を前提にしていたはずである。

では、政変の直後にもかかわらず、なぜ孝徳天皇は難波を目指したのだろう。

不思議な記事が『日本書紀』に残されている。それは、孝徳天皇が都を難波に遷したとき、老人たちが、口にした言葉だ。

「春から夏にかけてネズミが難波に向かっていたのは、都を移す兆しだった」

というのだ。

この年の春から夏というのは、乙巳の変の直前のことだ。ネズミが移ったというのは、「お伽話」であって、真実は、すでに蘇我入鹿自身が、行政改革の完成を目指して、難波京遷都を目論んでいたということであろう。孝徳天皇は蘇我派の天皇で、だからこそ、蘇我入鹿暗殺ののち、入鹿の遺志を引き継ぐために、難波に都を移したのだろう。

その証拠に、孝徳天皇には蘇我の血がほとんど入っていないが、葬られた場所は、奈良盆地から見て二上山《ふたかみやま》の西側の、聖徳太子や推古《すいこ》天皇ら蘇我系の皇族が固まって眠る磯長谷《しながたに》であり、このことからも、蘇我入鹿と孝徳天皇の接点を見出すことができる。

これに対し、クーデターの首謀者中大兄皇子が即位できなかったのは、孝徳天皇の

敵対勢力だったからだろう。

蘇我入鹿が殺された理由は外交問題のこじれ？

そうなってくると、蘇我入鹿暗殺後の古人大兄皇子の一言が妙に気になってくる。「蘇我入鹿が韓人《からひと》に殺された」というのは、どういう意味だろう。

もちろんすでに触れたように、『日本書紀』はこれを「外交政策の温度差によって殺されたという意味」と注を加えている。

ならば、蘇我入鹿の目指した外交政策とはどのようなものだったのか。そのどこが、中大兄皇子らは気に入らなかったのだろう。

ここでヒントとなるのは、孝徳政権にさんざん嫌がらせをして、ついに政権を転覆してしまう中大兄皇子が、実権を握ったのち、どういう政策を打ち出していったかであろう。

ここでひとつ付け足しておくと、古代史最大の英雄とされる中大兄皇子だが、当時の民衆の評価は、かなり低かったようだ。そのことは、『日本書紀』も認めている。

乙巳の変のもうひとつの舞台・飛鳥甘樫丘

大化三年（六四七）十二月には、

「この日に、皇太子（中大兄皇子）の宮に火災があった。人びとは驚き怪しんだ」

とあり、また時代が少し降るが、天《てん》智《じ》六年（六六七）三月には中大兄皇子は近江遷都を強行するが、このとき、人びとは不満を露わにし、昼夜を問わず、不審火が発生したという。

中大兄皇子は母親を重祚《ちようそ》（二度目の即位）させて斉明天皇とすると、その背後から朝廷を操縦した。だから、斉明朝の盛んな、度を超した土木工事も、中大兄皇子の指図であったろう。民衆はこの馬鹿げた行為を罵倒《ばとう》している。

罵倒だけで済んだわけではない。斉明天皇の宮もよく燃えた。斉明元年（六五五）には、斉明天皇の飛鳥板蓋宮《あすかのいたぶきのみや》が焼け、翌年には岡本宮《おかもとのみや》が焼けた。

こうしてみてくると、中大兄皇子が人びとに支持されていなかったことが分かる。それはなぜかというと、古代最大の行政改革を阻止したのが中大兄皇子であり、彼らこそ最大の「抵抗勢力」だったからだろう。では、蘇我入鹿を殺し、権力を掌握した時点で、彼らが目指したものはいったい何だったのだろう。

それは、無謀な百済救援である。

百済はすでに斉明六年（六六〇）に滅亡している。百済は、北方の騎馬民族国家・高句麗《こうくり》の南下に長年悩まされ続け、そのたびに中国大陸の王朝と手を結び、これを撃退してきた。ところが、唐《とう》の時代に入り東隣の新羅《しらぎ》が急成長し積極的に唐と手を結ぶこととなり、半島のパワーバランスに微妙な変化が起きた。これを黙視しているわけにはいかなかった百済は、唐が高句麗遠征に全力を注いでいる合間を縫って、新羅を叩きつぶしに走ったのである。

ところが、これが裏目に出た。唐が、「百済を潰す」という作戦を打ってきたのだ。挟み撃ちにあった百済は、あえなく滅亡したのである。

ただし、百済の王族の一人、鬼室福信《きしつふくしん》は、日本に人質として預けてあった百済王子・

7世紀頃の朝鮮半島

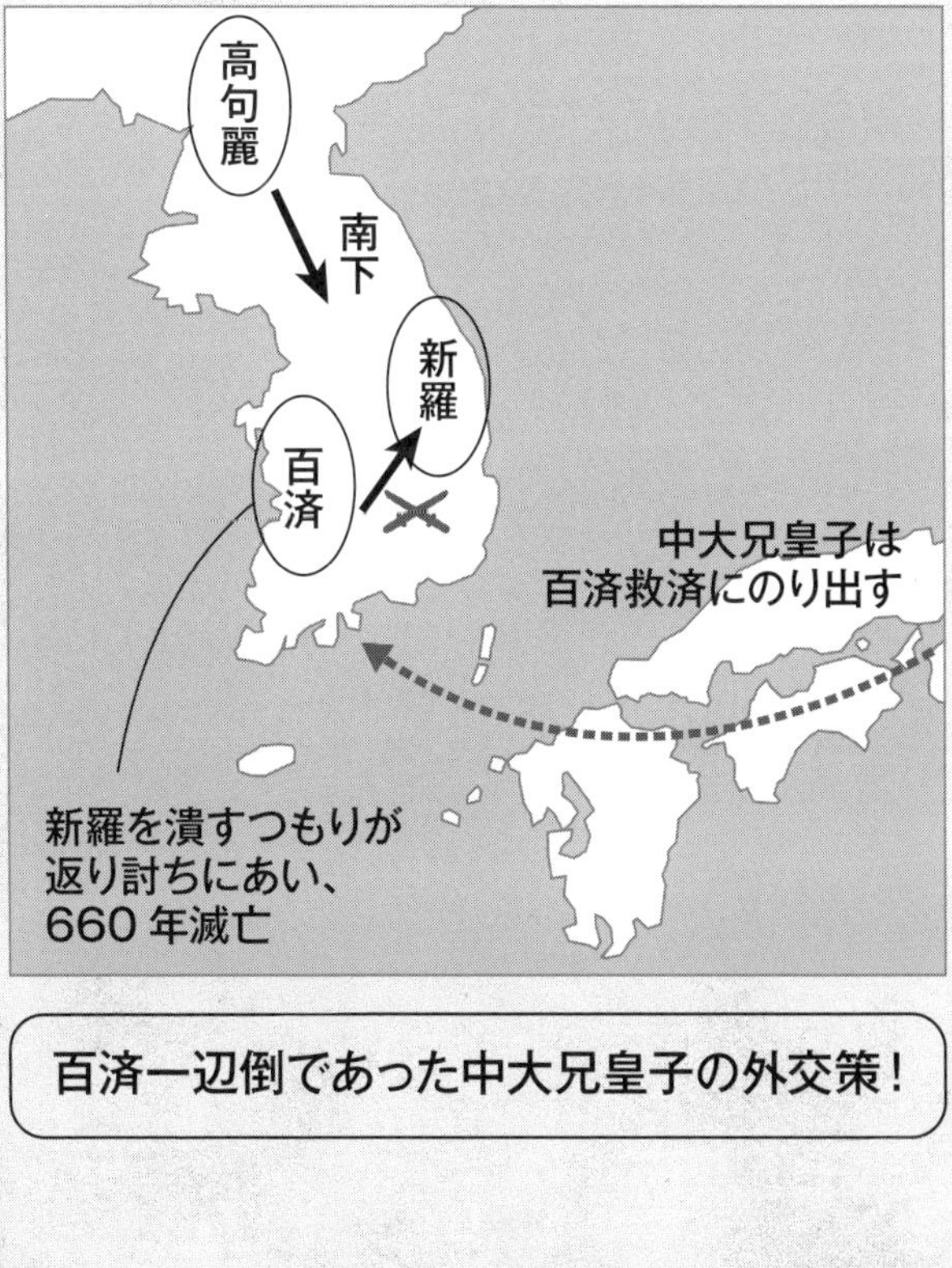
高句麗
南下
新羅
百済
中大兄皇子は
百済救済にのり出す
新羅を潰すつもりが
返り討ちにあい、
660年滅亡

百済一辺倒であった中大兄皇子の外交策！

豊璋《ほうしょう》を本国に召還《しょうかん》し王に立て、ヤマト朝廷に援軍《えんぐん》を要請《ようせい》し百済復興を目指したのである。斉明七年（六六一）のことだ。

中大兄皇子は、百済救援に立ち上がった。もちろん、百済は長い間ヤマト朝廷の同盟国だったのだから、この行為自体は責められるべきではないかもしれない。だが、タイミングが悪すぎた。唐は本気で朝鮮半島支配に乗り出し、邪魔になったから百済を排除したのであって、これを救うということは、ヤマト朝廷が大国唐を敵に回すことを意味していたからだ。

そこで振り返ってみると、おもしろい事実に気づかされる。というのも、「ヤマトの旧体制派」と「蘇我系の豪族」の五世紀来の長い闘争の歴史は、「百済一辺倒の守旧派」と「全方位外交の蘇我」という図式に焼き直すことが可能だ。聖徳太子が隋《ずい》と国交を開いたとき蘇我馬子《そがのうまこ》は百済の宿敵の新羅の使者を自宅に招いていた。これは、「旧体制的」な中大兄皇子らにすれば、許し難い造反《ぞうはん》に見えたのではあるまいか。

そう考えると、蘇我入鹿暗殺の原因が「韓政」のこじれにあったという『日本書紀』の記事の意味も、ようやくその真相がつかめてくるのである。

第八の謎

壬申の乱の謎

なぜ骨肉の争いが起きたのか

天武《てんむ》元年(六七二)の壬申《じんしん》の乱は古代史最大の争乱で、不破《ふわ》(関ヶ原)付近で東西日本が対決したという意味でも、興味深い合戦である。

戦いは、天智《てんじ》天皇(中大兄皇子《なかのおおえのみこ》)の息子・大友皇子《おおとものみこ》と、天智の弟の大海人皇子《おおあまのみこ》(のちの天武天皇)の間に起きた、骨肉の争いでもあった。

なぜ肉親同士が争わなければならなかったのだろう。乱にいたるいきさつを、すこし時間を繰り上げて追ってみよう。

さて、中大兄皇子は天智二年(六六三)百済《くだら》に救援を差し向けたが、唐《とう》と新羅《しらぎ》の連合軍の前に、壊滅状態となって退却してきた。

ここに百済は完璧に滅亡したが、次に蒸発してなくなるのはヤマト朝廷である。中大兄皇子は必死に西日本各地に城を築き、唐と新羅の連合軍の攻撃に備えようとした。

ところが、中大兄皇子というのは悪運の強い人物で、唐は攻める矛先を「ヤマトよりも先に、まず高句麗《こうくり》」と定めたことで、一回目の命拾いをした。そして次に、高句

麗が滅びると、今度は新羅が唐を半島から駆逐しようと立ち上がったから、唐はヤマト朝廷に「味方につくように」と働きかけてきたわけである。

中大兄皇子は結局、破滅することなく、近江遷都を敢行し、即位した。天智天皇の誕生である。

天智は弟の大海人皇子を皇太子に選んだ。ところが天智は晩年、次第に息子の大友皇子に皇位を継承させたくなったようだ。天智が病の床に倒れ、死期の迫っていることを知ると、大海人皇子を枕元に呼び寄せ、ワナにはめようとしている。譲位《じょうい》の意志のあることを伝え、大海人皇子が首を縦に振れば、捕縛《ほばく》するつもりだったと思われる。ところが大海人皇子は、身の危険を察知して、その場で武器を投げ捨て、髪を剃り上げ、「出家する」といって吉野《よしの》に隠棲《いんせい》してしまったのだ。

何も手出しできないままみすみす大海人皇子を吉野に逃がしてしまったわけで、このとき近江朝《おうみちょう》では、「虎《とら》に羽根を付けて放ったようなものだ」と、臍《ほぞ》をかんだという。

ややあって天智は崩御《ほうぎょ》。大友皇子の近江と大海人皇子の吉野は、一触即発の緊張感の中にあった。そんなおりもおり、大海人皇子は近江朝が東国で「陵墓造営《りょうぼぞうえい》のための民」を集めているという情報を得る。けれども「陵墓」というのはウソで、実際は徴《ちょう》兵《へい》であるらしいことが分かった。もちろん、吉野を攻めるための布石《ふせき》である。大海人

皇子は、

「こちらがおとなしくしているのに、大友皇子が先に手を挙げた」

と、大仰に嘆いてみせ、挙兵の正当性をアピールすると、身の回りの世話をする舎人《とねり》らを引き連れ、吉野の地を脱出し、東国に向かったのだった。

これが、壬申の乱の勃発《ぼっぱつ》であり、東国に落ち延びた大海人皇子は東国の兵を動員し、一気に近江の大津宮《おおつのみや》を落とし、政権を奪取してしまうのである。

なぜ大海人皇子は裸一貫で乱を制したのか

壬申の乱の謎はふたつある。

まず第一に、天智と大海人皇子、実の兄弟が、なぜ憎しみあい、騙しあい、死闘を演じたのか。

そして第二に、裸一貫で吉野に逃れた大海人皇子が、なぜ朝廷の正規軍を抱える近江朝に、勝利してしまったのか、である。

第一の疑問についてはのちに触れるとして、ここでまず注目してみたいのは、第二の謎である。

大海人皇子は雪崩《なだれ》のような圧倒的勝利を手に入れる。しかも謎を深めるのは、大海人皇子が東国に逃れたというだけで、すでに近江朝は浮き足立っていたという『日本書紀』の記述だ。群臣たちは恐れおののき、兵士たちは東国に逃れようとし、また背後の山に紛れ込んだというのである。大海人皇子の身辺にほとんど兵らしい兵はなく、かたや大津宮は正規軍が守っているというのに、この動揺はいったいどこから来るのだろう。

ヒントはいくつかある。まずは「蘇我《そが》の奇妙な動き」である。

天智天皇は晩年、蘇我系豪族を重用している。蘇我入鹿《そがのいるか》を殺し、蘇我本宗家《そがほんそうけ》を滅亡に追い込んだ天智が蘇我系豪族を用いたのはなぜだろう。その理由も、のちにはっきりさせるが、ここで指摘しておきたいのは、壬申の乱の直前から乱にいたる間、「蘇我」は終始一貫して大海人皇子の味方だったということである。

たとえば蘇我安麻呂《そがのやすまろ》は、天智が病の床に伏し、枕元に大海人皇子を呼び出したとき、天智に策略があることを忠告し、

「ですから、お言葉にご注意下さい」

と大海人皇子に進言していた。『日本書紀』はその理由を、「大海人皇子と安麻呂は、

かねてから通じ合っていた」というのである。

蘇我氏の活躍はこれで終わったわけではない。

大海人皇子側の数万の正面軍は、不破を出発し、近江の大津宮を目指した。これに対し近江朝は、山部王《やまべおう》を総大将に、蘇我臣果安《そがのおみはたやす》と巨勢臣比等《こせのおみひと》（この人物も武内宿禰の末裔で蘇我系）を副将にして本隊を形成、やはり数万の軍勢で迎え撃つべく、不破に向かった。

犬上川《いぬかみがわ》（滋賀県犬上郡と彦根《ひこね》市を流れ、琵琶湖に注いでいる）のほとりに両軍が対峙《たいじ》し、いよいよ決戦というとき、蘇我臣果安と巨勢臣比等の手で、近江軍の総大将が殺されてしまったのだ。味方の裏切りに、敵前で近江朝の本体は、空中分解してしまったのである。

ここに、大海人軍の勝利はほぼ決し、一気に近江朝は滅びるのである。

こうして見てくると、大海人側の雪崩のような勝利は、蘇我氏の裏切りが大きな理由であったように思えてくる。これはいったい何を意味しているのだろう。

それに、大海人皇子が東国に逃れただけで、近江朝が浮き足立ったのはなぜだろう。

そこで次のヒントが登場する。それが、東海の雄・尾張《おわり》氏のことなのである。

壬申の乱の勝敗を分けたのは蘇我氏の裏切り!?

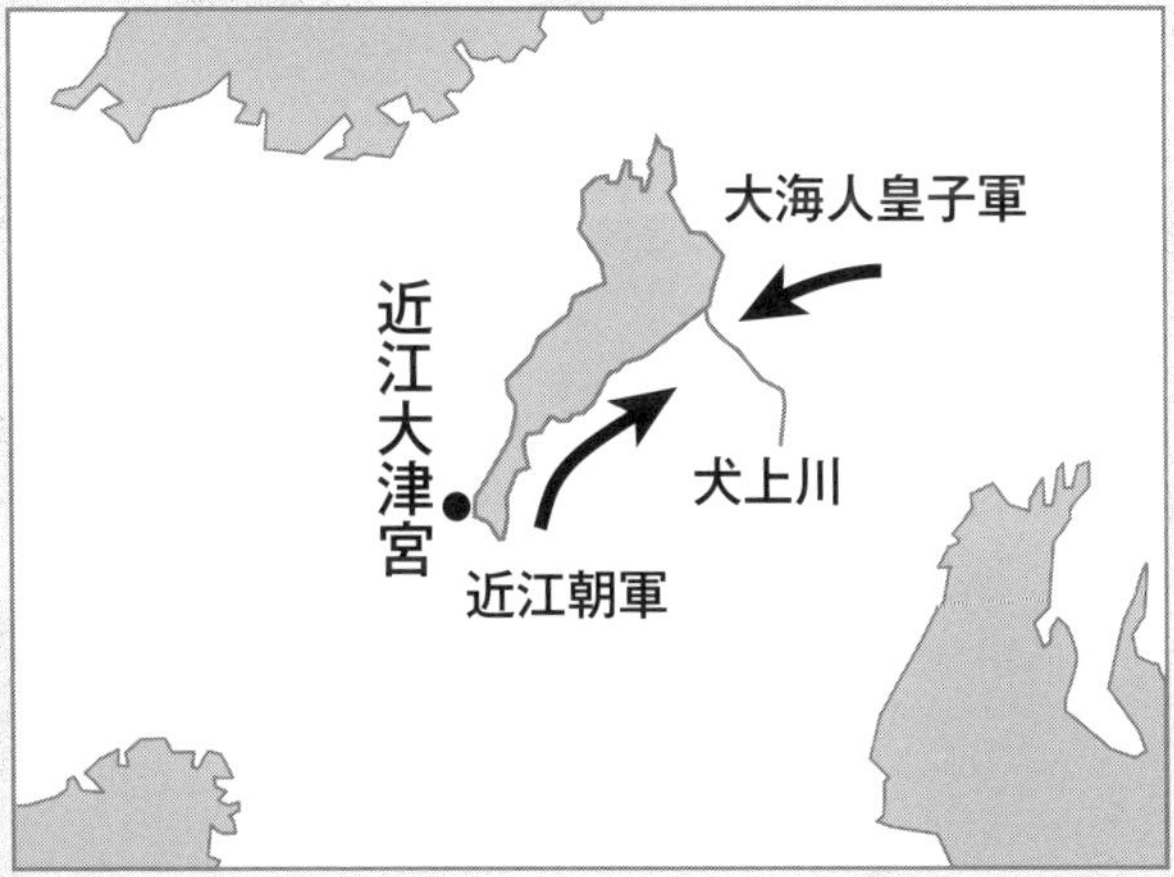

蘇我臣果安と巨勢臣比等の裏切りで
近江朝は空中分解！

大海人軍の勝利

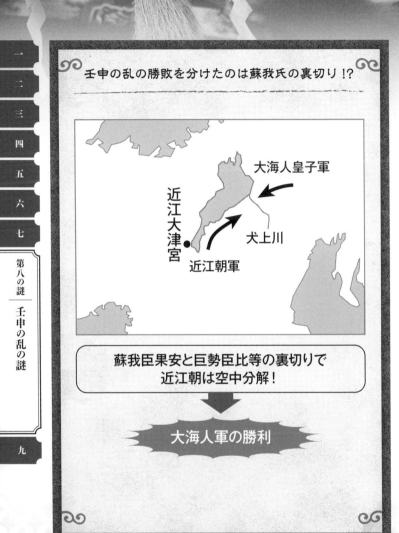

なぜ壬申の乱の功臣の名が隠匿されたのか

『続日本紀《しょくにほんぎ》』霊亀《れいき》二年（七一六）四月の条には、壬申の乱の功臣《こうしん》の子らに田を賜《たまわ》ったという記事があり、何人かの名が挙がっている。その中でも不可解なのは、尾張宿禰《おわりのすくね》大隅《おおすみ》の子の稲置《いなき》が登場していることである。

天平宝字《てんぴょうほうじ》元年（七五七）十二月には、同様に壬申の功臣の話が出てきて、そこに尾張宿禰大隅の名が登場し、功田を三世に伝えさせたとある。このように、尾張宿禰大隅という人物が、壬申の乱で活躍していて、その末裔に褒美《ほうび》が与えられていたことがはっきりと分かる。

『続日本紀』は、さらに具体的に、尾張宿禰大隅の壬申の乱の活躍を、次のように説明している。

大海人皇子が吉野を脱出し、東国入りしたときのこと、大隅は大海人を迎え出て導き、自宅を掃き清めて行宮《あんぐう》とし、軍師を供与したといい、その功績はじつに重大だというのである。

裸一貫で東国に落ち延びた大海人皇子ならば、尾張宿禰大隅は、そのまま捕縛して近江朝に引き渡すこともできた。ところが大隅は、大海人を出迎え、加勢を約束したというのである。

東国に多大な影響力を持つ尾張氏が大海人皇子に味方したというのは、乱の勃発直後だけに、大きな意味を持っていたはずで、ここに壬申の乱の大海人勝利の最大の原因を見る思いである。

大海人皇子が東国に逃れたのも、ひょっとすると、尾張氏を頼ってのことだったかもしれないと察しがつく。

ただ、ここに重大な問題が隠されている。それは、尾張宿禰大隅の壬申の乱の活躍が、『日本書紀』にはまったく記されていないということなのである。

尾張宿禰大隅を、『日本書紀』がまったく無視していたわけではない。持統《じとう》十年（六九六）五月の条には、尾張宿禰大隅に水田四十町を賜ったとあるが、ただそれが壬申の乱の功績によるものだとは記されていない。もちろん、大隅が壬申の乱の時、どこにいて何をしていたのかについて、『日本書紀』は沈黙を守っている。

なぜ『日本書紀』は、「尾張はずし」をしたのだろう。

そもそも、尾張氏そのものの正体はいかなるものなのだろう。

尾張氏は、熱田神宮《あつたじんぐう》で三種《さんしゅ》の神器《じんぎ》の一つ、草薙剣《くさなぎのつるぎ》を奉斎《ほうさい》していた。「尾張」の名は、

草薙剣が祀られる尾張氏の熱田神宮

草薙剣がスサノヲの八岐大蛇退治《やまたのおろちたいじ》のとき、大蛇の「尾を割ったら出てきた」ことに由来するとする説があるが、はっきりとしたことは分からない。

尾張氏が歴史に登場するのは、ヤマトタケルが東征のおり、尾張国に入り、尾張国造《おわりのくにのみやつこ》の祖・美夜受比売《みやずひめ》と出会い、東征の帰り際、ふたたび会いに来た、という『古事記』の有名な場面だ。ちなみに『日本書紀』には、宮簀媛《みやすひめ》とある。

尾張氏の祖は火明命《ほのあかりのみこと》で、この神は海幸山幸《うみさちやまさち》神話の山幸彦の弟に当たる。また、『先代旧事本紀《せんだいくじほんぎ》』によれば、物部《もののべ》氏と同族ということになり、火明命の子の天香山命《あまのかぐやまのみこと》は、どうした理由からか、新潟の弥彦神社で祀られている。このあたりの開拓を行なった神というのが、伝承として残されているのだ。

いずれにせよこの一族は、多くの謎を抱えていることは間違いない。

『日本書紀』は天武天皇のために書かれたのではない？

尾張氏で気になるのは、継体《けいたい》天皇がまだ越《こし》（北陸）にいた頃、尾張氏の女人を娶《めと》って二人の御子《みこ》を生んでいたことで、それがのちの安閑《あんかん》と宣化《せんか》天皇になっていた。

継体天皇の出現が「旧勢力」との訣別《けつべつ》ととらえることができるならば、この時点で、「守旧派に推される中大兄皇子（天智）」と、「改革派の尾張」の対立が起きていたということになるのだろうか。

さらに、尾張氏の本貫地は「葛城《かづらき》」で、葛城には「高尾張《たかおわり》」という地名が残されているのだが、壬申の乱で大海人皇子を背後から支援した蘇我氏も、葛城が本貫地と「自称」している。

どうにも複雑な図式になってきた。

尾張氏は壬申の乱で活躍していたのに、『日本書紀』は彼らの功績を、抹消してしまった。この謎をどう解けばいいのだろう。それよりも何よりも、『日本書紀』が不審な行動を取ったということは、壬申の乱の真相も、尾張氏と天武の関係を解き明かすだけで、解けてしまう可能性を秘めているわけである。

ここで一つ、話を進める前に確認しておきたいのは、『日本書紀』はいったい誰が何を目的に記したものか、ということなのである。

というのも、通説は「『日本書紀』は天武天皇のために書かれたもの」と信じて疑っていないからだ。このため、一般には、『日本書紀』は壬申の乱で甥を殺した天武の、「正当性を証明するための文書」と考えられている。

だが、これをそのまま鵜呑《うの》みにすることはできない。というのも、たしかに『日本書紀』は天武在世中に編纂が開始されたかもしれないが、完成したのは、天武の崩御後、数十年の年月がたってしまっている。とするならば、『日本書紀』は、天武天皇の政権にとってというよりも、天武天皇の崩御から数十年後の政権にとって都合のいい本だったといい直した方が正確なのだ。

それでは『日本書紀』が成立したのはどのような時代だったかというと、藤原不比等《ふじわらのふひと》が「藤原千年の基礎」を構築したときだったことを肝に銘じておくべきだ。藤原不比等は、壬申の乱で一度没落し、天武朝では日の目を見ていないのだから、不比等が天武のために歴史書を記したとはとても思えない。

　このことは、父親の中臣鎌足《なかとみのかまたり》が、「反大海人皇子派」だったことと大いにかかわりがあったと思われる。日本最古の漢詩集『懐風藻《かいふうそう》』によれば、中臣鎌足は晩年、大友皇子を強烈に後押ししていて、大海人皇子を「大友皇子から皇位を奪う大悪人」と捉えていたというのだ。

　この記事には整合性がある。なぜなら、中臣鎌足の敵は「蘇我」であり、その宿敵と大海人皇子が通じていたからである。

　そうなってくると、『日本書紀』が尾張氏と天武の関係を抹殺してしまったということに、やはり大きな秘密が隠されていたのだと察しがつくのである。

中臣鎌足の正体は百済王子豊璋？

　尾張氏と大海人皇子の関係を解き明かす前に、ついでだから、ここで中臣（藤原）鎌足の正体も明かしておこう。

藤原氏は近代に至っても、天皇家にもっとも近い一族として優遇され、日本の上流階級を形成し、君臨し続ける。

だが、彼らの出自というものは、どうにもはっきりとしない。『日本書紀』には神話の時代の天児屋命《あまのこやねのみこと》の活躍を記録し、また、歴史時代に入っても、ちょこちょこと顔を出しているのだが、不思議なことに、『古事記』では、神話に祖神が登場しただけで、その後まったく姿を現さない。

中臣鎌足の出自について、『日本書紀』はどうにも煮え切らない態度を取っている。というよりも、この大切な人物の父母が、『日本書紀』を読むかぎり、まったく分からない。中臣鎌足が登場する直前の中臣氏の活躍というものも、よく分からないのである。

それにもかかわらず、『日本書紀』では、中臣鎌足は突然、神祇伯《じんぎはく》任命記事で姿を現している。神祇伯という役職が中臣鎌足の時代、実際にあったかどうかは別として、これは神道《しんとう》の祭祀《さいし》をつかさどる最高の地位で、建前上とはいえ、太政官《だいじょうかん》と同等の地位にある重鎮《じゅうちん》だから、それまでの姿が見えないというのはどうかしている。

藤原氏の記した『藤氏家伝《とうしかでん》』によれば、中臣鎌足の出自はおおよそ次のようになる。

すなわち、中臣鎌足はヤマトの高市郡《たけちのこおり》（現在の明日香村周辺）の人で、天児屋命の末裔だ。中臣《なかとみの》御食子《みけこ》の長子で、母は大伴《おおとも》夫人といい、推古《すいこ》三十四年（六二六）に藤原（のちに藤原宮《ふじわらきゅう》が造られる場所）に生まれたという。『新撰姓氏録』にも中臣鎌足は中臣御食子の子とある。

だが、『日本書紀』には、御食子の名はなく、かろうじて「中臣連《なかとみのむらじ》弥気《みけ》」の名があるが、『日本書紀』はこれを中臣鎌足の父だとは断定していない。だいたい、『藤氏家伝』の、中臣鎌足の母は「大伴夫人」といい、名家・大伴氏の出身の女人であることをほのめかしながら、名前を明かせなかったところが、じつに不審である。

さらに、なぜ藤原不比等は、『日本書紀』の中で中臣鎌足の親の名を抹消してしまったのだろう。それは、後世に残すことができなかったからとしか考えられない。

そこで中臣鎌足にまつわる奇妙な謎に行き着く。というのも、中臣鎌足は中大兄皇子の懐刀《ふところがたな》として知られるが、どうしたことか、中大兄皇子の生涯最大のピンチに、姿をくらましているのである。

それが白村江《はくそんこう》の戦いの前後のことで、もう一つ怪しいのは、人質として来日していた百済王子・豊璋《ほうしょう》と中臣鎌足の動きが、ぴったりと重なってくることだ。

豊璋が来日したあと、中臣鎌足は神祇伯任命記事に登場し、豊璋が本国に召還されると、中臣鎌足の姿が中大兄皇子の前から消えたのである。そして、白村江の戦いが終わって豊璋が行方不明になった直後、中臣鎌足はふたたび、ひょっこり中大兄皇子の前に登場している。百済王子・豊璋と中臣鎌足は同一人物ではあるまいか。

中臣（藤原）と百済を結びつける傍証は、いくつもある。

まず、問題の豊璋だが、白村江の戦いの後、高句麗に行ってしまったのだと『日本書紀』は証言している。しかし、『三国史記《さんごくしき》』は、「行方不明になった」としか記録していない。北宋《ほくそう》の時代に編まれた中国の『資治通鑑《しじつがん》』（一〇八四年完成）に、豊璋は一度高句麗に逃れたが、高句麗滅亡時唐に連行されたとある。ただし、『新唐書』（一〇六〇年に編纂）は、行方不明になったと記録している。豊璋の情報は、錯綜しているのだ。

『日本書紀』によれば、豊璋は、百済の王に立てられたにもかかわらず、城に立てこもったが、倭の水軍がやってきたことを聞きつけ、兵士を残したまま、倭の水軍に合流してしまったとある。これは明らかに敵前逃亡であり、倭国での生活が長かった豊璋にすれば、そのまま倭の水軍とともに倭国にもどってしまったのが本当のところだろう。それを承知の上で、「豊璋は高句麗に行った」といっているのは、豊璋が中臣鎌足と同一人物だったからだろう。

当時の最高の冠位《かんい》は織冠《しょくかん》なのだが、これを授かったのは二人しかいない。日本人では中臣鎌足、そしてもう一人が、百済王子豊璋である。

豊璋は百済帰国時、重臣で王族の鬼室福信《きしつふくしん》が人びとの支持を受けているのを妬み、これを殺して首を塩漬《しおづ》けにしてしまう。この晒《さら》し首の塩漬けという風習は、当時の日本にはなかった。ところが、中大兄皇子は蘇我倉山田石川麻呂《そがのくらやまだいしかわのまろ》を殺し、首を塩漬けにして晒し者にした気配があって、その知恵を授けたのが中臣鎌足であり、豊璋と同一であったと考えると辻褄《つじつま》があう。

藤原氏はどうした理由からか、百済系遺民《いみん》と運命共同体のようなところがあって、壬申の乱で中臣鎌足が後押ししていた大友皇子のもとで最後まで本気で戦ったのは、百済遺民だけだった。

天武が崩御して、藤原不比等が大抜擢されると、百済系の遺民が復権する。そして藤原不比等の記した『日本書紀』の中で、百済の評価は高く、一方新羅は、敵視されている。これも意味のないことではあるまい。

逆転する大海人皇子と中大兄皇子の年齢

藤原と百済の関係をここまで深く考えたのは、壬申の乱が、新羅を取るか、唐を取るかの外交戦でもあったからだ。

すでに触れたように、倭と百済の連合軍は、唐と新羅の連合軍の前に大敗北を喫した。ところが新羅が唐に反旗を翻したがために、唐は倭に接近してきたのだ。唐は軍勢を北部九州に駐屯させ、ヤマトを牽制し、その圧力の中、大海人皇子は、「新羅と手を結び、朝鮮半島の独立を守るべきだ」と主張したに違いない。大海人皇子が吉野に隠棲し、「動かない」と安心した時点で唐の軍勢は九州を離れ、これを待っていたかのように大海人皇子は吉野から東国に逃れたのである。

つまり、天智と中臣鎌足の晩年の思いは、唐に味方して新羅を倒し、百済を復興することだったと思われる。だからこれを邪魔する大海人皇子は、「悪者」なのである。

そしてもちろん、このような図式は、「藤原は百済王家」と考えることで、すんなりと理解できるのである。

藤原繁栄の象徴・春日大社（奈良市）

ところで、大海人皇子の「大海人」は、尾張系豪族で大海人皇子の養育係となった「大海氏」の「大海」から採られた疑いが強い。ようするに、このことからも大海人皇子と尾張氏との強い結びつきが想定可能なのだが、両者の関係を必死に消し去ろうとする『日本書紀』の意図はどこにあったのだろう。

どうやら、大海人皇子には尾張氏や蘇我氏とかかわるもう一つ大きな秘密が横たわっているようだ。

それは何かというと、出自の問題である。

中大兄皇子と大海人皇子は舒明《じょめい》と斉明《さいめい》の子ということになっているが、

していた。

斉明天皇は舒明と結ばれる以前、高向王《たかむくのおおきみ》なる皇族と結婚していて漢皇子《あやのみこ》を産み落と

問題は、斉明の初婚の相手「高向」とその子の「漢」が、どこからどう見ても、尾張氏や蘇我氏とかかわりのある名であることだ。「高向」は蘇我系豪族「高向臣《たかむくのおみ》」とかかわりがあり、北陸の高向の地では、蘇我氏と尾張氏が接点を持っている。さらに、「漢皇子」の「漢」は、蘇我氏に近侍した東漢氏《やまとのあやし》の「漢」であろう。

さらに問題なのは、それらの名が、大海人皇子ともつながりを持ってきてしまうことである。

もうひとつ、興味深いのは、中世文書の中で、『日本書紀』によって示された「兄の中大兄皇子」「弟の大海人皇子」という図式が、完璧に逆転してしまうことである。一冊や二冊の文書だけではなく、多くの文書の中で、このような現象が起きてしまうところに問題がある。

大和岩雄氏は、もし二人の兄弟関係が、中世文書のいうとおり「兄が大海人皇子」で「弟が中大兄皇子」なら、大海人皇子が当てはまるのは漢皇子と指摘する（『天武天皇出生の謎』六興出版）。

もちろん史学界は、『日本書紀』と中世文書を比較した場合、『日本書紀』の主張を

とることが「学問の常識」と指摘し、中世文書を鼻で笑う。だが、この考えはおかしい。

たしかに、現場の近くにいたのが『日本書紀』の編者であり、しかもこの文書が朝廷の正式見解である。どちらが信用できるかといえば、『日本書紀』というのが史学界の意見であり、大筋では間違っていない。

だが、「事件を目撃したから本当のことをしゃべる」というのは、事件の第三者に限る。もし「目撃者が事件の当事者」であったなら、その目撃者の証言を、無条件に信じていいのだろうか。まして、正史は「われわれの政権は何も間違ったことをしてこなかった」ことを喧伝《けんでん》するために書かれるものだ。したがって、何がなんでも『日本書紀』を信用すべきだという考えを持ち続けるかぎり、古代史の解明はいつまでたっても進捗《しんちょく》しない。

中世は貴族社会が没落して、「なんでも言える時代になった」のであり、ここにいう貴族とは、具体的には「藤原」をさしているのであって、藤原が隠してきたことが、公の場であからさまになるのが中世なのである。

そうであるならば、中世文書の「異説」を、頭から否定してしまうことこそ、もったいない話なのだ。

天武の皇親政治は独裁制ではない？

大海人皇子は壬申の乱を制すると、飛鳥《あすか》に向かい、蘇我氏の建立した元興寺《がんごうじ》に、戦勝報告をしている。そして、迷うことなく、この地を都に定めている。誰もが知るように、飛鳥は蘇我氏の地盤であり、一連の大海人皇子の行動によって、壬申の乱が「親蘇我派」の勝利であり、大海人皇子が蘇我氏の力を借りていたことを証明している。

もし、通説のいうとおり、あるいは『日本書紀』が示すとおり、大海人皇子が舒明と斉明の子供というのなら、なぜここまで大海人皇子が蘇我氏と強くつながっていたというのだろう。その説明が、どうしてもつかないのである。

ではなぜ、『日本書紀』は、大海人皇子と尾張氏とのつながりを抹殺する必要があったというのだろう。それは、蘇我と尾張と大海人皇子のトライアングルを、悟られたくなかったからだろう。

ただそうなると、最後に一つ、疑問がわき起こる。それは、政権を獲得したのちの天武天皇は、諸豪族を排除し、皇族だけで政局を運営するという極端な独裁政権を樹立したからである。これを「皇親政治《こうしんせいじ》」と呼び、一般には、壬申の乱を制した天武天皇が、一気に強大な権力を手中に収めたのだろうと考えられている。

そして通説は、この後の歴史を、次のような図式を用いて説明しようとする。すなわち、権力を持ち続けようとする天武的な王家に対し、律令制度《りつりょうせいど》を整備し、実権を朝廷の実力者、豪族層の方に引き戻そうと努力したのが、藤原氏だというのである（それにしても、なぜ通説は藤原を「正義」と捉え続けるのだろう）。

だが、これには裏がある。

少なくとも天武天皇は、浄御原令《きよみはらりょう》の完成を急いでいたのであって、律令制度そのものを否定していたわけではない。そこで筆者は、皇親政治とは、律令を整備するための暫定《ざんてい》的な方便だったのではないか、と勘ぐっているのである。

そこで、なぜ天武天皇が皇親政治を敷いたのか、律令制度導入の意味も含めて、考えてみよう。

さて、すでに触れたように、律令制度を日本に導入しようと先鞭《せんべん》をつけたのは、聖徳太子だった。ただしこれは、本来「蘇我氏の手柄」であり、その手柄を藤原が横取りするために、『日本書紀』の中で「聖徳太子の偉業を邪魔だてした蘇我氏」という図式をまず作り、その上で「蘇我氏を成敗したのは藤原（中臣鎌足）」と証明した挙げ句、「大化改新《たいかのかいしん》も中臣鎌足の手柄」にしたわけである。

だが実際には、古代日本の改革事業は、蘇我氏が中心になって進められていたのである。

では、蘇我氏が目指した理想の社会とはどのようなものだっただろう。それは、聖徳太子が「世襲ではなく能力のある者を登用する」という姿勢を見せたように、かつての豪族層による「土地の世襲」「地位の世襲」「労働力（百姓《おおみたから》）の私有」という悪《あく》弊《へい》を取り除き、活性化した社会を作り上げようとしたと考えられる。

ならば、律令制度の中の天皇はどういう存在なのだろう。

少なくとも八世紀に完成した律令制度の中で、天皇に権力は預けられていない。太政官の合議によって決められた案件を追認する存在であり、実権をともなったものではない。これは八世紀の朝廷の独創的なアイディアだろうか。そうではあるまい。すでに蘇我氏も、同様の律令を構築する目論見だったろう。

ただそうなると、天武天皇の皇親政治が問題となってくる。天武天皇は壬申の乱の圧倒的勝利で慢心したのだろうか。

こういうことではなかったか。すなわち、律令制度は、豪族たちから土地と人民をいったん吸い上げなければならない。その上で、活躍に見合った地位と報酬を与えるのである。このシステムの変更を、ある段階で断行する必要がある。

ただそうなると、「あの豪族は得をした」「こちらは損した」と、かならず不平不満が出る。もちろん、改革事業を、豪族同士で始めれば、かならず馴れ合いになろうし、逆に利害が対立し喧嘩になることも十分考えられる。

そこで、誰もが「この人のいうことなら文句はいえない」という、完璧で中立を守れる調停者が必要となってくる。その「偉大な調停者」の役割を、天武天皇が果たしたということではなかったか。

皇親政治の本質とは、ようするに、律令制度が完成する直前の産みの苦しみであり、天武天皇でなければできなかった大役でもあったのだ。

第九の謎

聖武天皇の謎

ひ弱なイメージの聖武天皇

聖武《しょうむ》天皇の話といっても、インパクトが弱すぎて、あまり関心が持てない？

たしかに、これまでの通説をそのまま信じていれば、聖武天皇など、藤原《ふじわら》のいいなりになって、光明子《こうみょうし》の尻に敷かれた小人物ということになりかねない。また、ちょっとノイローゼ気味になって、その挙げ句に馬鹿でかい東大寺《とうだいじ》を建立したわがままな帝、程度の感想しかないだろう。

だが、これは大きな間違いだった。聖武天皇は、忘れ去られた英傑《えいけつ》であり、日本の基礎を築いた偉大な天皇だった可能性が高いのである。

なぜ評価が逆転してしまうのか？　簡単なことだ。藤原がこの帝をとことん嫌っていて、だから聖武は藤原に潰され、「だめな帝」の烙印《らくいん》を押され、過小評価されたまま、後世に誤解を与えていたのである。

たしかに、前半生の聖武天皇は、藤原氏のために生き、「藤原の子」を演じきり、まさに藤原にとっては優等生だった。

それもそのはず、この帝は、藤原のために、藤原の手で、藤原のお腹から生み出された、傀儡《かいらい》天皇だった。聖武こそ、藤原の女人から生まれたはじめての帝だから、この帝に対する藤原の期待は高かったのである。

ところが、ある時期を境に、この人物は、自分の呪われた宿命に気づいてしまったのだ。それがいったい何を意味しているのか、拙著をここまで読まれた方なら、この話の続きが、すんなり理解できるはずだ。

そこでまず、その系譜から注目してみよう。

さて、聖武天皇の父親は第四十二代文武《もんむ》天皇で、天武《てんむ》天皇の孫に当たる。母親は藤《ふじ》原不比等《わらのふひと》の娘の宮子《みやこ》。妻にあてがわれたのが、藤原不比等の娘の光明子で、しかも聖武は生まれてから成長するまで、光明子とともに藤原不比等の館で育てられたようなのだ。藤原不比等が純粋培養した、藤原の天皇が聖武天皇だったことは明らかだ。

ところが、『続日本紀《しよくにほんぎ》』の中で、聖武天皇の評価はすこぶる低い。たとえばそれは、亡くなられたときの記事をみればよく分かる。聖武天皇の死亡記事と、光明子の死亡記事では、妻の光明子の方が、絶賛され、文章も長い。

そこでまず、『続日本紀』に残された、光明子の死亡記事だ。

光明皇太后《こうたいごう》の姓は藤原で、近江朝の内大臣《ないだいじん》中臣鎌足《なかとみのかまたり》の孫、平城《へいぜい》朝の太政大臣藤原不比等の娘である。母は県犬養三千代《あがたいぬかいのみちよ》。皇太后は幼いころから聡明の誉れ高く、聖武の皇太子時代妃《ひ》となった。時に歳は十六。多くの人びとに接し、喜びを尽くし、あつく仏道に帰依《きえ》し励んだ。聖武天皇即位で大夫人となり、孝謙天皇と基《もとい》皇太子を産んだが、皇太子は数え二歳で夭逝《ようせい》。のちに皇后《こうごう》となった。太后の人となりは、いつくしみ深く、よくめぐみ、人びとを救うことを志した。東大寺と国分寺《こくぶんじ》を建立したのは、そもそも太后が聖武天皇に勧めたものであった。また、悲田《ひでん》、施薬《せやく》の両院を設立し、飢えた人、病んだ人びとを救った。娘の孝謙《こうけん》天皇が即位すると、皇后宮職《こうごうぐうしき》を紫微中《しびちゅう》台《だい》と改め、勲賢《くんけん》（実力者たち）を選び出し、官人《かんじん》として列した。享年六十……。

これに対し、聖武天皇の死亡記事は、「寝殿《しんでん》で亡くなられた」、という事実と、遺言は、「道祖王《ふなどおう》を皇太子にしろ」、というものだった、という事務的な二点を取りあげただけで、後は評価も何もないのである。

しかも、聖武天皇唯一の「偉業」、東大寺建立に関しても『続日本紀』は、「光明子の手柄」であったと強調する。

壬申の乱を再現した聖武天皇

なぜ藤原の子としてこの世に生を受けた聖武天皇が、藤原に評価されなかったのだろう。

これにはたしかな理由がある。聖武はある時を境に豹変したのだ。藤原の子から、なぜか、反藤原の子になったのである。

たとえば聖武は、謎の関東行幸《かんとうぎょうこう》を敢行しているが、この頃から聖武の行動は不可解なものになっていく。

事件のきっかけは、北部九州で藤原広嗣《ふじわらのひろつぐ》が反乱を起こしたことだった。天平十二年（七四〇）八月、大宰府《だざいふ》の藤原広嗣は、中央で急速に台頭してきた玄昉《げんぼう》と吉備真備《きびのまきび》を排斥するよう中央に要求し、聞き入れられないと見るや挙兵《きょへい》。二ヶ月ほどで鎮圧《ちんあつ》されるが、その報告が都にもたらされる直前、聖武天皇は、何を思ったか、突然兵四百を率いて、関東行幸に向かってしまったのである。

「時期が悪いとはいえ、やむを得ない。どうか九州で奮戦している将軍は、このことを聞いても驚かないで欲しい」

といい残し、聖武は、伊賀《いが》、伊勢《いせ》、美濃《みの》、不破《ふわ》（関ヶ原）、近江《おうみ》を巡り、山背国《やましろのくに》の恭仁京《くにきょう》に入り、ここを都に定めてしまった。もちろん、平城京《へいじょうきょう》という立派な都城《とじょう》が、目と鼻の先にありながら、である。

こののち紫香楽宮《しがらきのみや》に移り、さらに難波《なにわ》に遷都し、平城京に戻ってくるのは、天平十七年（七四五）五月のことであった。

いったい聖武は、何を考えていたのだろう。

通説は、聖武の行動をいぶかしむ。藤原四兄弟の全滅ののち、橘諸兄《たちばなのもろえ》が政界を牛耳り、藤原の後ろ盾を失った聖武が、橘諸兄の操り人形になったのではないかとか、あるいは、ノイローゼになったとする考えが主流である。

唯一、常識とは異なる考えを示したのは、瀧浪貞子《たきなみさだこ》氏で、『帝王聖武』（講談社選書メチエ）の中で、聖武天皇の関東行幸は天武天皇の壬申《じんしん》の乱《らん》のコースをなぞっていると指摘した。

まさにそのとおりで、問題はその理由である。

すでに触れたように、聖武天皇は「藤原のための、藤原の腹から生まれた天皇」なのだが、その「藤原の子」が壬申の乱を再現するかのような行為をしたことに、どのような意味が隠されているというのだろう。

謎の東国行幸の行き先は紫香楽宮だった

聖武は「藤原の子」であることはたしかにしても、天武系王家の一人であることも事実で、その聖武が、「天武を意識した」としても、どれほどの意味があるのだろう。

そこで、天武なきあとの複雑な政局の流転を振り返ってみると、聖武が壬申の乱を再現したことに、じつに重大な意味が隠されていたことを思い知らされるはずだ。

問題は、天武崩御《ほうぎょ》後の持統《じとう》（鸕《う》野《の》皇《こう》后《ごう》）と藤原不比等の行動にある。

復活していた中大兄皇子・中臣鎌足コンビ

壬申の乱は、蘇我《そが》・尾張《おわり》系政権の誕生であり、律令制度完成に向けた、諸豪族の総意でもあった。くどいようだが、西暦六四五年の蘇我入鹿《そがのいるか》暗殺は、改革派のクーデターではなく、事実は逆さまで、中大兄皇子《なかのおおえのみこ》（天智天皇）や中臣鎌足は抵抗勢力であった。その、「百済《くだら》と手を結ぶことこそ先決」「百済を復興させることが第一」と考えていた中大兄皇子と中臣鎌足の体制に豪族層が「ＮＯ」と意志を突きつけたのが、壬申の乱である。

政権を奪取《だっしゅ》した天武天皇は、すぐさま律令制度を完成させるために、極端な皇親政治《こうしんせいじ》を展開したが、律令制度を定着させる直前に、崩御。この、タイミングの悪さが、ヤマトに暗雲をたなびかせることとなる。

自分の血統を皇位につけたいという私利私欲に走った鸕野皇后が、草壁皇子《くさかべのみこ》の即位を願い、政敵の大津皇子《おおつのみこ》を陰謀にはめ殺してしまう。その後、皇太子だった草壁も亡くなってしまったところから、朝廷は動揺するが、その隙を衝いて、鸕野皇后が皇位を手に入れてしまう。持統天皇の誕生だ。そしてこの「鉄の女帝」に大抜擢されたのが、藤原不比等であった。

『扶桑略記《ふそうりやっき》』は、このとき持統が、藤原不比等の私邸を宮にしたという記事を残す。持統の即位には弊害があったし、尋常な手段ではない何かしらのカラクリを用意して、玉座に着いたことは、間違いないだろう。

なぜなら、天武天皇崩御後の政権には、壬申の功臣が数多残り、天武の優秀な皇子が、それこそ腐るほどいたのである。その中で、持統が皇位を継承し、しかもその片腕に藤原不比等がいたというのは、当時の常識から考えて「ありえない」ことだったからである。

よく考えて欲しい。持統は天智の娘であり、かたや藤原不比等は中臣鎌足の子である。これは、「蘇我入鹿殺しコンビの再来」であり、壬申の乱を制してようやく政局が安定したというのに、これでは「蘇我・尾張政権」の否定であり、悪夢が再来したかのようではないか。

藤原が日本を私物化できたのは律令制度導入の瞬間に不比等が台頭したから

『日本書紀《にほんしょき》』が藤原不比等の強い意向を受けて編纂された可能性は高いのだが、神話の中で、太陽神が女神《めがみ》で天照大神《あまてらすおおみかみ》となっているところに、持統・藤原不比等体制の本質が隠されている。

もし持統と藤原不比等が天武天皇の遺志を引き継いで、蘇我的な律令制度の導入を急いでいたというのなら、神話でもっとも大切な天皇家の祖神を「女性の太陽神」にはしなかっただろう。天武を新たな王家の始祖にして、神話を作るべきはずだからである。

これは、「持統を始祖とする新たな王朝」が観念上うち立てられたことを示すものであり、「天照大神のわきで、天孫降臨《てんそんこうりん》を指揮したのが高皇産霊尊《たかみむすひのみこと》という無名の神であったところがミソだ。これが藤原不比等の分身であり、高皇産霊尊と天照大神両者の孫の天津彦彦火瓊瓊杵尊《あまつひこひこほのににぎのみこと》を天孫降臨させるという図式に、持統と藤原の血を引いた聖武天皇の即位を悲願としていた持統と不比等の執念を感じるのである。

こうしてみてくれば、藤原不比等の目論見は明らかだ。この男は、天武天皇や蘇我氏が目指した律令制度事業の手柄を横取りし、それどころか、これを悪用することで、力を蓄えていくのである。

藤原千年の繁栄は、日本そのものが藤原に乗っ取られたからなのだが、なぜそのようなことが可能だったかというと、藤原不比等が台頭した瞬間が、律令制度を導入する、ちょうどその時だったからである。

天皇の住まいよりも高い場所に建てられた藤原氏の興福寺

それまで広大な土地と人民を私有し、その力を武器に発言力を持ってきた諸豪族が、裸になったとき、偉大なる調停者＝天武が崩御し、大混乱に陥った。まさにこの時点で、「百済王家の復活」を日本で目論む藤原不比等が、「律令を整備するための役人」として持統に抜擢されたから、不比等は急速に力をつけることができた。不比等は恣意的《しいてき》に律令に欠陥をいくつか放置しておいて、いずれ日本中の財が、いったんは藤原の蔵に収まるような細工を施していたようなところがある。この結果、国家の財政は、藤原が牛耳るという異常な体制の基礎が、このとき作り上げられたわけである。

なんのことはない、土地と人民をいったん国家のものにして再分配するという律令の理念は、「土地と人民はいったん国家のものとするが、最後は藤原のものにする」という、悪魔の法律にすり替わっていくのである。

こうして、天武や蘇我や尾張が目指した理想の律令国家は、持統と藤原不比等の手で、めちゃくちゃにされてしまったのだ。「他人が錐をさし込む隙もないほどの領土が藤原のものになった」と批難され、平安時代の藤原道長《ふじわらのみちなが》は、

この世をば我が世とぞ思ふ望月の
欠けたることもなしと思へば

という傲慢《ごうまん》な歌を残すに至るのである。

だから、藤原の子として育てられた聖武天皇が、壬申の乱の真似事をしたというこ

とは、ことここにいたり、大きな意味を持ってくる。

それは、「藤原のエゴは、これ以上許さない」という、固い決意表明ととらざるを得ないのである。

東大寺は乞食坊主の建てた寺？

それでは、なぜ、唐突に聖武天皇は「藤原の子」ではなく、「天武の子」であることに目覚めてしまったのだろう。

その謎を探る前に、ここでまずはっきりとさせておきたいのは、本当に聖武が、日本を乗っ取ろうとする藤原と戦ったのか、ということである。

答えは意外に簡単なことで、聖武天皇が建立した東大寺こそ、反藤原の寺だったのである。

なぜそのようなことがいえるのか、東大寺について考えてみよう。

さて、東大寺大仏殿《だいぶつでん》といえば、巨大な木造建築として名高い。また、「巨大な仏寺を古代の天皇が建立した」という単純な発想から、東大寺は権力者の寺、という印象がどこかにあるが、これは大きな誤解だ。この寺は、「権力者と戦った人たちの記念碑的な建造物」だったのである。

まず、この寺を造るために集められたのが、それまで朝廷に迫害されてきた乞食坊主《こじきぼうず》たちだったところに、東大寺の面白さがある。それが、行基《ぎょうき》をリーダーとする優婆塞《うばそく》集団である。

行基は、今では近鉄奈良駅の噴水の真ん中に銅像となって親しまれているが、この人物は、八世紀の「藤原の律令制度にほとほと疲れ果てた百姓《おおみたから》」たちの救いの神になった人物なのである。

百済系渡来人の末裔である行基は、河内《かわち》で生まれ、入唐僧《にっとうそう》で元興寺《がんごうじ》（飛鳥寺《あすかでら》）に住まう道昭《どうしょう》に師事し、仏教のみならず、土木や造船といった、当時の最先端技術を学び取っていった。そしてその知識を、社会事業に取り入れ、布教活動に専念していった。

当時の世相は、天変地異《てんぺんちい》と重税に疲弊《ひへい》しきっていたから、税を都に運ぶ人びとを救済する布施屋《ふせや》や、通交を円滑《えんかつ》にする橋を築くなどして、人びとを助けた。土地を手放して流浪する人にも手をさしのべたから、行基を慕う人びとは徒党を組み、侮れない勢力にふくれあがっていくのである。

『続日本紀』養老《ようろう》元年（七一七）四月、朝廷は行基を「小僧」と罵り、次のように糾弾している。

　まさに今、小僧・行基と弟子どもは、衢《ちまた》に群れ集まり、みだりに因果《いんが》応報《おうほう》輪廻《りんね》転《てん》生《しょう》を説き、徒党を組んで、その教えは、仏法に背いている

というのだ。さらに天平二年（七三〇）九月には、平城京の東の山に、多くの人びとを集めて妖言《ようげん》を吐いて、人びとを惑わす集団がある。多いときは一万人、少ないときでも数千人に上ると指摘し、これは法に反していると警告している。

　この時代の一万人という数は、半端ではない。朝廷（藤原）が恐怖したのは当然である。これら、流浪する民は優婆塞といい、土地を手放し、勝手に僧形《そうぎょう》となった者たちだった。正式な僧は、税を免除されていたから、脱税の極地といえばいえないこともなかったが、これを放置しておけば、国家財政が破綻することも事実である。朝廷が弾圧するのも当然だった。

　ところが聖武天皇は、優婆塞をむしろ重用していく。関東行幸の翌年の天平十三年（七四一）には、奈良の北側の木津川《きづがわ》に橋を架けるために、各地の優婆塞を集めたと『続日本紀』は記録している。そして彼らをみな、正式な僧と認めたというのである。

その二年後には、聖武は紫香楽宮に盧舎那仏《るしゃなぶつ》を建立するための土地を用意し、行基は弟子を率いて、資金集めに奔走したという。

なぜ聖武天皇は、「律令制度の敵＝優婆塞」たちを重用していったのだろう。しかも優婆塞を束ねていた行基は、こののち仏教界の最高位・大僧正《だいそうじょう》にまでのぼりつめるのである。

聖武が豹変するきっかけを作った光明子

じつをいうと、東大寺そのものが、もともと巨大な優婆塞たちの寺だった。というのも、聖武が河内の智識寺《ちしきじ》をはじめて訪れたとき、多くの有志（ようするに優婆塞なのだが）が、持てる財を持ち寄って、みなの力で寺を建立する様に感激し、「自分もこのような寺を建ててみたい」と目を輝かせ、光明子が「それならば」と背中を押したのが、東大寺建立のきっかけだったのである。

ここに、反藤原の帝としての聖武の本性が隠されている。

聖武天皇は、藤原の子としてこの世に生を受けながら、「藤原だけが富み栄える」

この社会の矛盾に気づいたのだろう。そして、「藤原のための律令」なら、ない方がまし、という発想につながっていったのではあるまいか。だからこそ、「律令の敵＝行基」を大抜擢したのであり、関東行幸を敢行し、聖武が「天武の子」に化けたことを、世間にアピールしたわけである。

そうなると、なぜ藤原の子として純粋培養された聖武が、突然天武の子となってしまったのだろう。そのきっかけは、たしかにあった。それはまず、藤原四兄弟（藤原不比等の子）の死がきっかけであり、さらに、母・宮子との再会が、決定的だった。

藤原四兄弟の死は、聖武天皇に、「藤原はけっして正しいことばかりをしているのではない」ということを知らしめた。それどころか、それまでは「悪いのは長屋王」と吹き込まれてきただろうに、長屋王の祟《たた》りならば、「本当は藤原の方が、悪かった」ことを知ってしまったわけである。

四兄弟が次々に倒れていくとき、藤原の当時の総本山である光明子の館では、恐怖のあまり、毎日のように祈禱が行なわれていたに違いない。その姿を見るにつけ、聖武は「藤原の罪」を徐々に自覚していったはずである。

さらに、藤原がいったん没落し、反藤原派が台頭すると、光明子が、豹変したのである。

事件はまさに、光明子の館で起きた。

藤原四兄弟が全滅して四ヶ月がたった天平九年（七三七）十二月二十七日、『続日本紀』には、奇怪な事件が記録されている。この日、聖武の母宮子《みやこ》は、皇后宮《こうごうぐう》で僧正玄昉《げんぼう》に出会ったというのだ。

じつは宮子は、聖武を産み落として以来、「幽憂《ゆうゆう》」に沈み（精神を患っていた）、聖武とは引き離されていたという。ところがこのとき玄昉が看病してみると、突然目がさめたように、正気を取り戻したのだという。そして、たまたま皇后宮に遊びに来ていた聖武天皇と、三十七年ぶりの再会を果たしたというのである。

まず、ここにある皇后宮とは光明子の館であると同時に、以前は藤原不比等の館だったところが問題だ。不比等は自身が没するまで、聖武を母・宮子に近づけないようにしていたわけである。

ところで、『続日本紀』は宮子が心を病んでいたというが、これは本当だろうか。聖武を純粋な「藤原の子」に育て上げるために、宮子は邪魔だったというのが本当のところではないだろうか。

梅原猛氏は「宮子は海人《あま》の出」と解釈したが（『海人と天皇』朝日文庫）、そうではなく、宮子の血には、「葛城《かづらき》」の風土が重なっているところに問題がある。祖母が葛城の賀茂《かも》氏の出なのである。

当時の「子供」は、生まれた母親の家で育てられるのが普通だったから、「女系の祖」の影響力は、計りしれないものがあったはずである。

その、賀茂氏の根城・葛城は鬼の山であり、また、蘇我や尾張とかかわりの深い山である。もし万が一、母宮子の口から、天武や蘇我にまつわる「本当の歴史」が聖武に吹き込まれたら、それこそ藤原の野望は潰える。

だから、生後間もない聖武を、不比等は母から引き離し、母は「気が触れた」といい、自宅に幽閉してしまったというのが本当のところだろう。

その秘密を、光明子がいつ知ったのかは分からない。けれども、宮子は光明子の腹違いの姉であり、不比等の死後、変わり果てた姉の姿を見たときの光明子の驚きと、父のしでかしてきたことの意味を、一瞬で悟ったのではなかったか。

問題は、宮子と聖武天皇が、皇后宮でたまたま出会ったと『続日本紀』は記録しているが、これは白々しいおとぼけである。光明子の館ですべては起きたのである。聖武を母の前に誘ったのは、館の主・光明子であろう。

藤原の女を演じきった光明子の本心

聖武自身も、母に対する藤原不比等の仕打ちを知り、強い衝撃を受けたことだろう。また、光明子がそれを隠さず見せたところに、この女人の覚悟のほどが知られる。

光明子は「藤原の女」であり、「鉄の女傑《じょけつ》」というイメージが強い。しかし一方で、不比等邸を寺にして、病人を看護し、貧しい人びとに食事を施すなど、慈善事業に邁《まい》進《しん》したことでも知られている。

これを良家の子女のスタンドプレーとみなすことも可能だ。だが、光明子が建てた寺の名が、法華滅罪之寺《ほっけめつざいのてら》であったところに、事の真相は隠されていたのではあるまいか。

藤原四兄弟とは、光明子の兄弟でもある。四人の男子は、罪のない長屋王を罠《わな》にはめ、長屋王の恐ろしい祟りに、滅びていったのである。藤原の罪は光明子の罪でもあり、この女人は、必死に贖罪したに違いない。

光明子がしきりに「積善《せきぜん》の藤家《とうけ》」を唱えたのも、光明子が藤原の罪を償うために、善行を積み、その結果、藤原一族が安らかに成仏《じょうぶつ》できるようにと願った証ではあるまいか。

じつをいうと、法隆寺《ほうりゅうじ》を丁重に祀りあげていたのも、「藤原の女人たち」なのである。これはなぜかといえば、天武天皇や長屋王が蘇我系皇族の血を引き、蘇我氏の目指していた行政改革の集大成を目指していたことから、この謎が解ける。

長屋王の死後、長屋王が祟っていたにもかかわらず、どこに祀られていたのかよく分かっていないとしておいたが、天武天皇の「蘇我的な要素」がはっきりしてくると、天武王家を潰してしまった藤原に対し、天武的な王家の復興を願った長屋王の対決の図式が浮かび上がってくる。そして、この長屋王の悲劇は、そのまま「蘇我的な王権」の末路でもあったわけである。そうなると、長屋王は、法隆寺で「蘇我」にひとくくりにされて祀られていたのではないかと察しがつく。

ただし光明子の懺悔《ざんげ》する心持ちは、祟りに怯えたからという理由だけではないだろう。聖武天皇に対する、純粋な愛情からきているのではないかとも思えてならない。

それはなぜかというと、『万葉集』巻八・一六五八の次の歌があるからである。

吾背子《わごせこ》と二人《ふたり》見ませばいくばくか
このふる雪もうれしからまし

夫・聖武と二人並んでみられたら、この降る雪もうれしいでしょうに……。この飾り気のない無邪気《むじやき》な女人の心情の吐露《とろ》に、聖武をいたわる光明子の裸の姿が見て取れるのである。

こののち、藤原仲麻呂《ふじわらのなかまろ》（恵美押勝《えみのおしかつ》）が台頭し、聖武の反藤原闘争は頓挫《とんざ》し、結局光明子は「藤原の女」にもどっていくが、これとて、聖武の命を狙う藤原仲麻呂から、必死に夫をかばうための演技であろうことは、すでに拙著『鬼の帝聖武天皇の謎』（PHP文庫）の中で詳述したとおりだ。

聖武が造りだした裏と表のつながり

奮闘空しく、聖武天皇は敗れ去った。

そして聖武天皇の娘の称徳《しようとく》天皇の代で天武王家が断絶し、天智系の王家が復活することとなる。

桓武《かんむ》天皇の父親、光仁《こうにん》天皇が、天智系の帝である。

こうして、藤原の天下は揺るぎないものになっていった。他の諸豪族との共存を拒

井上内親王の祟りを封じ込めるための御霊神社

み、藤原だけが繁栄する社会が、こうして訪れたのである。

　藤原貴族社会は、平安時代を通じて日本を私物化していくが、ここで注目すべきは、聖武天皇が築き上げた、「天皇家と裏」のつながりが、のちの藤原政権に、大きな影響力を持っていくことだ。

　これがどういうことか、少し説明が必要だろう。

　すでに触れたように、長屋王の死と祟りによって、藤原氏はいったん没落した。そうはいっても、藤原はしぶとく復活するが、彼らの権力闘争の手口があまりにも「非道」だったために、多くの恨みを買ったことはもちろんだった。このため、祟りとの戦いが、藤原の宿命となっていく。

たとえば、光仁天皇の皇后は、天武系の井上内親王《いのうえないしんのう》で、二人の間の子・他戸親王《おさべしんのう》が皇太子となっていたが、藤原百川《ふじわらのももかわ》らの陰謀で、皇后は捕縛される。巫蠱《ふこ》＝人に呪いをかけたというのが主な罪状だが、いいがかり以外の何物でもなかった。皇太子も厭魅大逆《えんみたいぎゃく》（妖術を使って君主を呪ったという罪）の罪で訴えられた。結局二人は幽閉され、同じ日に同じ場所で変死してしまう。

もちろん、藤原が暗殺したのだろうが、こののち、二人は祟って出たと語り継がれたようだ。何しろ、「天武系の血をここで遮断したい」というのが、藤原の願いであり、その目的のためだけに、二人は殺されたのである。

『本朝後胤紹運録《ほんちょうこういんじょううんろく》』は、この母子が獄中で亡くなられた後、竜になって祟って出たと記録しているし、『水鏡《みずかがみ》』は、藤原百川を苦しめたとある。

奈良市の御霊神社《ごりょうじんじゃ》は、二人の無念を晴らすために創祀《そうし》された神社だが、桓武天皇が皇太子となり、即位できたのは、他戸親王を抹殺したからであり、ここに、平安京遷都の本当の理由も隠されている。

藤原の肝いりで即位に漕ぎつけた桓武天皇は、三世紀来、倭国の中心であったヤマトを、あっさりと捨て、長岡京《ながおかきょう》遷都を目論み、これに失敗すると、矢継ぎ早に平安京遷都を敢行した。

通説はこの行動の原因を、南都《なんと》仏教の腐敗であるとか、流通の利便性を考えた結果などという推理を働かすが、真相は、藤原と天智系王家がヤマトで多くの血を吸いすぎて、とてもではないが、ヤマトでは祟りが恐ろしくて暮らしていけなくなってしまったからである。

けれども、その後も藤原は懲りることなく多くの豪族と皇族の血を吸い続けていくから、祟りを調伏《ちようぶく》する力を求めていくのである。平安時代、空海《くうかい》や安倍晴明《あべのせいめい》が歓迎されていった背景もここにある。

そして、ここが大事なところなのだが、空海ら、験力《げんりき》を持った者たちが、みなヤマトの山から出現したことである。それはなぜかというと、敗れ去り、野に下り、山に紛れ込んだ「鬼」と蔑《さげす》まれた者たちこそ、「鬼」と対等に渡り合うことのできる、本当の「鬼」だったからである。

毒をもって毒を制するように、「鬼退治」をヤマトの鬼が行ない、ここに、為政者《いせいしゃ》が世の中を支配しているように見えて、裏が為政者を束縛するという複雑な社会が誕生していくのである。

〈著者紹介〉
関 裕二（せき　ゆうじ）
1959年、千葉県柏市生まれ。歴史作家。仏教美術に魅せられて足しげく奈良に通い、古代史研究の道に進む。文献史学・考古学・民俗学など、学問の枠にとらわれない広い視野から日本古代史、そして日本史全般にわたる研究・執筆活動に取り組む。
主な著書は『呪う天皇の暗号』『蘇我氏の正体』（以上、新潮文庫）、『古代史の秘密を握る人たち』『天孫降臨の謎』『「出雲抹殺」の謎』『おとぎ話に隠された古代史の謎』『海峡を往還する神々』『日本を不幸にした藤原一族の正体』『ヤマト王権と十大豪族の正体』『ヤマト王権と古代史十大事件』（以上、PHP 文庫）など。

■装丁：一瀬錠二（Art of NOISE）
■本文イラスト：桂早眞花
■カバー写真：●埴輪・The Art Archive ／時事通信フォト　●三角縁神獣鏡・時事　●継体天皇石像・アフロ

※本書は2006年６月刊『古代史 ９つの謎を掘り起こす』（PHP 文庫）を改題し、加筆・修正を加え再編集したものです。

そこが知りたい！　古代史９つの謎を解く

2016年６月３日　第１版第１刷発行

著　者　関　裕二
発行者　小林成彦
発行所　株式会社ＰＨＰ研究所
東京本部　〒135-8137　江東区豊洲 5-6-52
エンターテインメント出版部　☎03-3520-9616（編集）
普及一部　☎03-3520-9630（販売）
京都本部　〒601-8411　京都市南区西九条北ノ内町11
PHP INTERFACE　http://www.php.co.jp/
組　版　株式会社デジカル
印刷所
製本所　図書印刷株式会社

© Yuji Seki 2016 Printed in Japan
ISBN978-4-569-83061-2
※本書の無断複製（コピー・スキャン・デジタル化等）は著作権法で認められた場合を除き、禁じられています。また、本書を代行業者等に依頼してスキャンやデジタル化することは、いかなる場合でも認められておりません。
※落丁・乱丁本の場合は弊社制作管理部（☎03-3520-9626）へご連絡下さい。送料弊社負担にてお取り替えいたします。